"通古察今"系列丛书

传统史学与中国统一多民族国家

汪高鑫 著

河南人民出版社

图书在版编目(CIP)数据

传统史学与中国统一多民族国家 / 汪高鑫著. —郑州：河南人民出版社，2019.12(2025.3重印)
("通古察今"系列丛书)
ISBN 978-7-215-12036-5

Ⅰ. ①传… Ⅱ. ①汪… Ⅲ. ①史学-研究-中国 ②民族关系-民族历史-研究-中国 Ⅳ. ①K092②K28

中国版本图书馆CIP数据核字(2019)第270904号

河南人民出版社 出版发行

(地址：郑州市郑东新区祥盛街27号 邮政编码：450016 电话：0371-65788075)
新华书店经销　　　　　　环球东方(北京)印务有限公司印刷
开本　787mm×1092mm　　　1/32　　　印张　5
字数　69千
2019年12月第1版　　　　　　2025年3月第3次印刷

定价：48.00元

"通古察今"系列丛书编辑委员会

顾　问　刘家和　瞿林东　郑师渠　晁福林
主　任　杨共乐
副主任　李　帆
委　员　（按姓氏拼音排序）

安　然　陈　涛　董立河　杜水生　郭家宏
侯树栋　黄国辉　姜海军　李　渊　刘林海
罗新慧　毛瑞方　宁　欣　庞冠群　吴　琼
张　皓　张建华　张　升　张　越　赵　贞
郑　林　周文玖

序　言

在北京师范大学的百余年发展历程中，历史学科始终占有重要地位。经过几代人的不懈努力，今天的北京师范大学历史学院业已成为史学研究的重要基地，是国家首批博士学位一级学科授予权单位，拥有国家重点学科、博士后流动站、教育部人文社会科学重点研究基地等一系列学术平台，综合实力居全国高校历史学科前列。目前被列入国家一流大学一流学科建设行列，正在向世界一流学科迈进。在教学方面，历史学院的课程改革、教材编纂、教书育人，都取得了显著的成绩，曾荣获国家教学改革成果一等奖。在科学研究方面，同样取得了令人瞩目的成就，在出版了由白寿彝教授任总主编、被学术界誉为"20世纪中国史学的压轴之作"的多卷本《中国通史》后，一批底蕴深厚、质量高超的学术论著相继问世，如八卷本《中国文化发展史》、二十卷本"中国古代社会和政治研究丛书"、三卷本《清代理学史》、五卷本《历史文化认同与中国统一多民族国家》、二十三卷本《陈垣全集》，以及《历史视野下的中华民族精神》《中西古代历史、史学与理论比较研究》《上博简〈诗论〉研究》等，这些著作皆声誉卓著，在学界产生较大影响，得到同行普遍好评。

除上述著作外，历史学院的教师们潜心学术，以探索精神攻关，又陆续取得了众多具有原创性的成果，在历史学各分支学科的研究上连创佳绩，始终处在学科前沿。为了集中展示历史学院的这些探索性成果，我们组织编写了这套"通古察今"系列丛书。丛书所收著作多以问题为导向，集中解决古今中外历史上值得关注的重要学术问题，篇幅虽小，然问题意识明显，学术视野尤为开阔。希冀它的出版，在促进北京师范大学历史学科更好发展的同时，为学术界乃至全社会贡献一批真正立得住的学术佳作。

当然，作为探索性的系列丛书，不成熟乃至疏漏之处在所难免，还望学界同人不吝赐教。

北京师范大学历史学院
北京师范大学史学理论与史学史研究中心
北京师范大学"通古察今"系列丛书编辑委员会
2019 年 1 月

目 录

前　言 \ 1

第一章　汉代正史、民族史撰述与统一多民族国家的巩固 \ 4

一、民族史撰述的大一统视野 \ 5

二、民族史撰述的民族认同思想 \ 15

第二章　汉代历史文化认同意识与统一多民族国家的巩固 \ 25

一、政治统绪认同意识与政权合法性的论证 \ 25

二、国家制度认同意识与维护封建制度理论的构建 \ 37

三、礼义文化认同意识与民族观念的发展 \ 45

第三章 "二十四史"民族史撰述与中国多民族国家历史的构建 \ 56

一、创立了中国多民族国家的谱系 \ 57

二、构建了中国多民族国家的历史 \ 67

三、揭示了中国历史上民族关系的主流 \ 75

第四章 "二十四史"民族史撰述与少数民族政权的历史文化认同意识 \ 83

一、血缘认同意识 \ 84

二、治统认同意识 \ 86

三、道统认同意识 \ 95

四、制度认同意识 \ 104

第五章 历史、历史学与中华民族精神 \ 115

一、中华民族精神的主要内涵 \ 116

二、传统史学与中华民族精神的记录和传承 \ 129

参考书目 \ 145

前言

中国不但是一个有着悠久历史的统一多民族的国家，而且也是一个具有重史意识、历史典籍非常丰富的国家。在中国统一多民族国家的发展过程中，传统史学的记述与反映对于巩固统一多民族国家起到了重要的作用。汉代是中国统一多民族国家巩固时期，以司马迁《史记》和班固《汉书》为代表的汉代史学，普遍具有大一统视野和民族认同思想。《史记》通过《匈奴列传》《南越列传》《东越列传》《朝鲜列传》《西南夷列传》和《大宛列传》等六篇民族史传，第一次对中国统一多民族国家的历史作了全面反映，是一部真正意义上的中国全史。《汉书》继承了《史记》重视民族史撰述的传统，通过《西南夷两粤朝鲜传》《匈奴传》和《西域传》等三篇民族史传的撰述，对西汉统一多民族国家的历史作了全方位的叙述。《史记》和《汉书》不但重视民族史撰述,而且具有民族认同思想。《史记》肯定各民族同祖于黄帝,不斤斤于夷夏之辨,民族观念进步;《汉书》虽然重视夷夏之辨,却也主张德化四夷。汉代史学还对汉代历史文化认同意识作了系统反映。汉代史学家和思想家通过构建五帝、三王(夏、商、周)、秦汉历史系统,体现了政治统绪认同意识;通过对历代典章制度因革损益之历史的叙述,体现了国家制度认同意识;通过夷夏之辨,体现了礼义文化认同意识。

在传统史学中,"二十四史"无疑最具有代表性。"二十四史"与中国统一多民族国家的发展有着非常密切的关系,这种密切关系首先表现在对于中国多民族国家历史的构建上。"二十四史"通过对中国多民族历史的叙述,创立了中国多民族国家的谱系,构建了中国多民族国家的发展史,反映了中国历史上民族关系的发展和演变过程,肯定了民族关系的主流是越来越密切。其次表现在民族史撰述中对于少数民族政权历史文化认同意识的反映上。从"二十四史"所揭示的中国少数民族政权历史来看,普遍具有对于炎黄始祖的血缘认同意识、对于五帝三王秦汉以来历史系统的治统认同意识、对于儒家礼乐道统的认同意识、对于华夏制度文明的认同意识。

传统史学与中国统一多民族国家发展的关系,还表现在对于中华民族精神的揭示、记述、阐发和传承上。中华民族精神,是中国统一多民族国家不断发展的精神支柱和内在凝聚力。在中华民族发展过程中,逐渐形成了爱国主义、团结统一、爱好和平、勤劳勇敢、自强不息、厚德载物、创新求变、理想人格、民族忧患、历史借鉴等等民族精神。在中华民族精神的形成与发展过程中,传统史学肩负起了揭示、记述、阐发和传承中华民族精神的重要使命。在浩如烟海的历史典籍中,蕴含着丰富的中华民族精神,提供了一个个体现中华民族精神的具体范例。进行历史研究,挖掘历史文化资源,无疑是我们今天弘扬和培育中华民族精神的重要途径。

第一章 汉代正史、民族史撰述与统一多民族国家的巩固

汉代是中国统一多民族国家的巩固时期，也是中国正史的创立时期。作为中国历代正史之首，两汉正史司马迁《史记》和班固《汉书》在历史编纂与史学思想上都取得了巨大的成就，对此后中国史学的发展产生了重要影响。由于《史记》和《汉书》产生于中国统一多民族国家的巩固时期，其民族史撰述明显体现了统一多民族国家巩固时期的时代特点。本章内容从汉代统一多民族国家的巩固这一时代背景出发，通过对《史记》和《汉书》两部正史中的民族史撰述[1]的探讨，揭示其与汉代统一多民族国家的巩固之间的内在

---

[1] 两部正史民族史撰述内容，包括民族史传和散见于各篇中的相关民族史论述。

第一章 汉代正史、民族史撰述与统一多民族国家的巩固

关系。

一、民族史撰述的大一统视野

中国的大一统政治始建于秦朝，巩固于汉武帝时期。西汉建立之初，政治制度上实行郡国并行体制，中央集权有弱化倾向。经济上面对战乱之后百孔千疮的残破局面，推行了旨在养育民力、恢复生产的与民休息政策。民族关系上则主要是采取和抚四夷，特别是与强大的匈奴实行"和亲"政策，在一定程度上保证了边境的安宁。到了汉武帝时期，随着西汉国力的增强，汉武帝采取了一系列巩固统一的强有力措施。首先是通过解决王国问题，加强了中央集权统治。其次是重视开拓边疆，包括对匈奴的战争、以招抚和武力并用的方式将百越与西南夷并入汉朝版图、通过"隔绝羌胡"与在东北建置而断匈奴左右臂、在朝鲜半岛设郡统治、交通与经营西域等。汉武帝的这些举措，使得汉代大一统政治得到了前所未有的巩固。汉武帝之后，大一统政治局面在两汉之际出现过波动，而东汉光武中兴又使得这种政治格局得以重建和延续。司

马迁《史记》和班固《汉书》分别撰述于汉武帝时期和东汉前期盛世时代,大一统政治在他们的历史撰述中打上了深深的烙印。表现在二书的民族史撰述上,则是普遍重视将民族史撰述作为统一多民族国家的有机整体来加以把握,具有明显的大一统视野。而这种正史民族史撰述的大一统视野,反过来也促进了两汉统一多民族国家的巩固。

《史记》民族史撰述的这种大一统视野,首先表现在纳少数民族史传于70个列传之中的撰述体例上。《史记》是一部通史,它记载了从黄帝到汉武帝3000年的历史;同时又是一部全史,它把那个时期中原华夏族与四邻各少数民族的历史都纳于其中。《史记》一书总共分列了《匈奴列传》《南越列传》《东越列传》《朝鲜列传》《西南夷列传》和《大宛列传》等6篇少数民族列传,记载了历史上北方、东南、南方、东北、西南和西北之环绕华夏的四邻各少数民族如匈奴、百越、西南夷、朝鲜和西域各族等的历史,"把环绕中原的各民族,尽可能地展开一幅极为广阔而又井然有序的画卷"[1]。

---

[1] 白寿彝:《中国通史》第一卷,《导论》,上海人民出版社1989年版,第6页。

第一章 汉代正史、民族史撰述与统一多民族国家的巩固

从编撰体例来看,这些少数民族史传与其他列传之间是一种并列的关系,不存在主次、内外之分。很显然,《史记》是将蛮夷民族历史作为中华全史的组成部分来写的。我们知道,在司马迁那个时代,作为统治意识形态的公羊学,在夷夏关系上是主张"内其国而外诸夏,内诸夏而外夷狄"[1]的,《史记》立定的民族史传的撰述体例,无疑是对这种"异内外"思想的一种否定,体现了大一统的思想。

《史记》民族史撰述的大一统视野其次表现在对大一统政治格局的反映上。《史记》6篇少数民族史传,虽然叙述的是西汉武帝时期及其以前各少数民族区域和历史,却都是从汉朝现实政治格局和地理疆域出发的。其中《匈奴列传》记述的匈奴民族,主要活动在今内蒙古自治区和蒙古人民共和国境内。《南越列传》和《东越列传》记述的主要有南越、东越、闽越、西瓯、东瓯、骆等百越民族。《汉书·地理志》臣瓒注,"自交趾至会稽七八千里,百越杂处,各有种姓",说明百越不但分布范围很广,其区域包括今天的浙江、福

---

[1] 《公羊传·成公十五年》,《十三经注疏》本,中华书局1980年版。

建、台湾、安徽、江西、广东、广西、云南和海南各省，而且内部族系很多。《西南夷列传》记述的"西南夷"，是对古代西南各少数民族的总称，若按族系划分，可分为氐羌（藏缅语系）、百越（壮侗语系）和百濮（南亚语系孟高棉语系）三个族系，区域包括今贵州、云南、四川省西部和西南部以及滇、黔、桂交界地区。《朝鲜列传》记述古朝鲜国及汉武帝定朝鲜、置四郡的历史，主要在今朝鲜半岛地区。《大宛列传》记述大宛、乌孙、康居、奄蔡、大月氏、安息、条枝、大夏等古代国家和民族的历史，即今中国新疆和中亚细亚各地。《史记》6篇少数民族史传之所以能对汉朝疆域和大一统格局作出反映，是因为"秦汉的空前统一局面及其对外交通的发展，使当时人大开眼界，也使我们的历史家能写出这样包容广大的民族史"[1]。

再次表现在对少数民族维护大一统政治的肯定上。司马迁论及撰述少数民族史传的旨趣时作如是说："汉既平中国，而佗能集杨越以保南藩，纳贡职。作《南越列传》第五十三。""吴之叛逆，瓯人斩濞，葆守封

---

[1] 白寿彝：《中国通史》第一卷，《导论》，上海人民出版社1989年版，第7页。

禺为臣。作《东越列传》第五十四。""燕丹散乱辽间，满收其亡民，厥聚海东，以集真藩，葆塞为外臣。作《朝鲜列传》第五十五。""唐蒙使略通夜郎，而邛笮之君请为内臣受吏。作《西南夷列传》第五十六。"[1]除去《匈奴列传》是为了"设备征讨"，以及《大宛列传》旨在"通使大夏""引领内向，欲观中国"以外[2]，其他诸传所谓"保南藩""葆守封禺为臣""葆塞为外臣"和"请为内臣受吏"等，都肯定这些少数民族主动愿意归附于中原政权，并为中国保守着一方之土的。在司马迁看来，中华民族历史从来都是由各民族共同创造，中国大一统政治局面是由各民族共同维护的。

最后表现在反对民族间相互侵扰、维护民族大一统和平局面上。在多民族统一的历史发展过程中，既有民族之间和好的一面，也有民族之间争吵乃至诉诸战争的时候。司马迁从维护民族一统的立场出发，他既反对少数民族对中原政权的侵扰或反叛，也反对中原政权对四邻少数民族的侵夺。在各民族史传中，司马迁对少数民族反叛或侵扰中央政权是持反对态度

---

[1]《史记》卷一百三十，《太史公自序》，中华书局1959年版。
[2]《史记》卷一百三十，《太史公自序》，中华书局1959年版。

的。如《东越列传》记载了东越王余善不仅反汉,且刻"武帝"玺自立,致使汉发大兵灭之,并将闽越、东越之民迁往江、淮之地。司马迁认为越人之所以招致"灭国迁众"的下场,是因为"余善至大逆"的结果。《朝鲜列传》记载了朝鲜王右渠不肯奉汉诏,并发兵抗击汉军,结果落得个身死祀绝的下场。司马迁评之曰:"右渠负固,国以绝祀。"在《西南夷列传》中,司马迁独赞滇,说"汉诛西南夷,国多灭矣,唯滇复为宠王"。滇之受宠,是因为滇王愿意"置吏入朝",归附于汉皇朝。《匈奴列传》记载了匈奴不断侵扰边地,从而造成边地人民生命财产受到侵害的具体史实。如说汉文帝时,"匈奴日已骄,岁入边,杀略人民畜产甚多,云中、辽东最甚,至代郡万余人"。同时,《史记》对于中央政权对四邻少数民族的侵夺也是持否定态度的,只是用词比较委婉而已。如《匈奴列传》,白寿彝先生就说:"《匈奴列传》对于汉廷在民族问题上所犯的错误,是委婉其词的。所以在列传的结尾,感慨于《春秋》'隐、桓之间则章,至定、哀之际则微,为其切当世之文而罔褒,忌讳之辞也'。但以《平准书》和《匈奴列传》

第一章 汉代正史、民族史撰述与统一多民族国家的巩固

合观,可见作者对自己的真实思想还是不愿掩盖的。"[1]

《汉书》继承了《史记》重视民族史撰述的优良传统,其民族史撰述主要见诸《匈奴传》《西南夷两粤朝鲜传》和《西域传》三个民族史传记。其中《西域传》是由《史记》的《大宛列传》改进而来的,也与《大宛列传》一样,它实际上是记载了境内外各民族的历史,而不是一个纯粹的国内民族史传。但是,《史记·大宛列传》是以张骞通西域和李广利伐大宛为主要内容的,至于西域各国的情况,只是通过张骞之口略作介绍而已。而《汉书·西域传》则不同,它一方面对西域鄯善、安息、大宛等51国自然环境、风土人情、户口人数和物产情况逐个详细地作了介绍,一方面还对这些国家与西汉中央政权的交往情况详细作了记述。《汉书·西域传》为人们了解新疆区域史、中亚及西南亚国家和地区史,以及这些地区在西汉时期与西汉中央政权的交往史,提供了极为宝贵的重要史料。《汉书》另外两个民族史传,则在司马迁所作民族史传的基础上补叙了自武帝以后的史实,同时对武帝以前

---

[1] 白寿彝:《中国通史》第一卷,《导论》,上海人民出版社1989年版,第12页。

的民族史也作了一定的史实补充，如《西南夷两粤朝鲜传》就增补了《史记》所未收录的汉文帝赐赵佗书和赵佗的上书等内容。与《史记》六篇民族史传相比，《汉书》虽合为三篇，但篇幅明显增多。其中对于匈奴和西域的记述，《汉书》各用了两卷的篇幅，字数比《史记》多出一倍多。对于西南夷、南越、东越和朝鲜，《史记》各用了一卷进行记述，《汉书》则合为《西南夷两粤朝鲜传》一卷，但字数却增加了三分之一左右。《汉书》之《匈奴传》和《西域传》记述内容的大量增加，主要是班固记载了武帝以后的大量史事。至于《西南夷两粤朝鲜传》较之《史记》增幅不大的原因，也主要是因为这些地区在武帝以后，基本置郡管理，需要增补的史实已经不多。《汉书》的民族史撰述除了以上三个民族史传外，还有一些与少数民族关系密切的传记，如《李广苏建传》《卫青霍去病传》《司马相如传》《张骞李广利传》《赵充国辛庆忌传》和《傅常郑甘陈段传》等。《汉书》正是通过以上三个少数民族史传和相关传记，充分展现了汉代统一多民族历史活动的画卷，系统地对西汉大一统政权下各民族的历史、社会状况及其与西汉中央政权之间的关系作出论述，体现了班固

第一章 汉代正史、民族史撰述与统一多民族国家的巩固

重视多民族国家历史的大一统视野。

从维护大一统角度出发,在《汉书》的民族史撰述中,班固特别留意汉朝中央政府加强对少数民族地区管理的举措,以及少数民族地区归附汉朝的行动。如《汉书》中详记了汉中央政权在少数民族地区设置管理机构、派出使臣或监管人员、实行屯田、修筑城垒和烽燧、册封少数民族首领颁赐印绶,以及少数民族首领派遣侍子遣使纳贡等方面情况。《汉书》还详细记述了这些举措和行为在形成过程中所产生的论辩。如在《匈奴传》中,班固征引了汉元帝时期的侯应、汉哀帝时期的扬雄和王莽时期的严尤的三篇进言,分别论述了边备不可放松、积极回应匈奴归附要求以及不可频繁用兵等重大问题,这对形成当时汉朝对匈奴政策产生了重大影响。《汉书》不但注意强调中央政府与少数民族及地方政权的统辖关系,也在对少数民族情况介绍中,有意提示其与中央政权的关系。如介绍西域各国,总是有意做出"且末国,王治且末城,去长安六千八百二十里。……西北至都护治所二千二百五十八里""莎车国,王治莎车城,去长安九千九百五十里……东北至都护治所四千七百四十六

里"[1]之类的交代。这种注意地域联结的记述,其实是为了表明一种政治上的联系和统属关系。《汉书》也重视记述中央政权的民族政策得失,一方面肯定了汉宣帝以来民族关系处置得当,一方面就王莽时期屡次对匈奴用兵提出批评,认为其破坏了长期以来中央政府维持的汉匈友好局面。"初,北边自宣帝以来,数世不见烟火之警,人民炽盛,牛马布野。及莽扰乱匈奴,与之构难,边民死亡系获,又十二部兵久屯而不出,吏士罢弊,数年之间,北边虚空,野有暴骨矣。"[2]《汉书》大力表彰在处理少数民族事务中建立不朽历史功业的杰出人物,其中的《卫青霍去病传》《赵充国辛庆忌传》《傅常郑甘陈段传》等,可以看作以威德定边陲的群英谱。如《汉书》肯定了郑吉扬威西域,首置都护之功。"吉既破车师,降日逐,威震西域,遂并护车师以西北道,故号都护。都护之置自吉始焉。……吉于是中西域而立莫府,治乌垒城,镇抚诸国,诛伐怀集之。汉之号令班西域矣,始自张骞而成于郑吉。"[3]这段文

---

[1] 《汉书》卷九十六上,《西域传》,中华书局1962年版。
[2] 《汉书》卷九十四下,《匈奴传》,中华书局1962年版。
[3] 《汉书》卷七十,《傅常郑甘陈段传》,中华书局1962年版。

第一章　汉代正史、民族史撰述与统一多民族国家的巩固

字把设都护的郑吉与始通西域的张骞相提并论。另外，《汉书》还表扬了段会宗经略西域所表现出的谋略与勇气，"竟宁中，以杜陵令五府举为西域都护、骑都尉、光禄大夫。西域敬其威信。三岁，更尽还，拜为沛郡太守……西域诸国上书愿得会宗，阳朔中复为都护……城郭甚亲附。公卿议会宗权得便宜，以轻兵深入乌孙，即诛番丘，宣明国威，宜加重赏。天子赐会宗爵关内侯……会宗病死乌孙中，年七十五矣，城郭诸国为发丧立祠焉"[1]。

总之，《汉书》民族史撰述的具体内容和其所呈现出的撰述特点，都蕴涵了巩固华夏统一多民族国家的深意，迎合了汉朝大一统政治的需要，同时也为此后中央政权处理少数民族关系提供了历史借鉴。

二、民族史撰述的民族认同思想

中国的民族认同思想起源于先秦。春秋战国时期，以孔子和孟子为代表的儒家普遍重视夷夏之辨，倡导

---

[1] 《汉书》卷七十，《傅常郑甘陈段传》，中华书局1962年版。

夷夏之防。孔子出于维护政治秩序和捍卫中原华夏文明的需要，高举"尊王攘夷"的大旗；孟子更是严重歧视少数民族，认为"今也南蛮鴃舌之人，非先王之道"[1]。不过孔孟也讲民族认同，而这种认同的标准则是礼义文化。孔子说："居处恭，执事敬，与人忠，虽之夷狄，不可弃也。"[2] 孟子则对"悦周公仲尼之道"的楚人陈良给予肯定[3]。汉代以董仲舒为代表的公羊学，继承了孔孟先师重视以礼义文化分辨夷夏的传统，对夷夏的分辨更为精细，同时出于维护大一统政治的需要，更加凸显"德化四夷"[4]的重要性。由此可见，先秦秦汉儒家正统夷夏观中蕴涵的民族认同思想，其实就是一种礼义文化的认同，其目的是要通过以夏变夷，以期实现夷夏一统的政治理想。生活在春秋战国乱世时代的孔子、孟子，希望通过以夏变夷来实现国家的统一；而汉代大一统时代的公羊家们讲夷夏之辨与民族认同，则是为了巩固王者一统的大一统政治格局。在

---

[1]《孟子·滕文公上》，诸子集成本，中华书局1954年版。

[2]《论语·子路》，诸子集成本，中华书局1954年版。

[3]《孟子·滕文公上》，诸子集成本，中华书局1954年版。

[4] 董仲舒：《春秋繁露》卷第八，《仁义法》，苏舆义证本，中华书局1992年版。

第一章 汉代正史、民族史撰述与统一多民族国家的巩固

这样一种民族认同和汉代政治大一统的思想与政治双重背景下,汉代两部正史的民族史撰述所蕴涵的民族认同思想则不尽相同。相比较而言,《史记》的民族史撰述反映的民族认同思想较为积极,《汉书》的民族史撰述所蕴涵的民族认同思想则较为正统,却都有助于人们对汉代民族关系的认识和加强对统一多民族国家的巩固。

《史记》的民族认同思想与传统夷夏观念有很大的差异:传统夷夏观虽然不以种族血缘而以礼义文化分辨夷夏,《史记》则直接提出了华夷各族同源共祖的思想;传统夷夏观重视夷夏之别,《史记》则认为夷夏之别只是就社会发展水平而论,而且夷夏是可以互变的,故"不斤斤于夷夏之别"[1]。

首先,《史记》肯定华夷各族同源共祖于黄帝,相互是同宗同祖的兄弟。春秋时期,吴、越、楚、秦各诸侯国被人们视为蛮夷之国,《史记》则明确认为这些蛮夷之国的诸侯王,都是黄帝的后代。如越国,《越王勾践世家》说"越王勾践,起先禹之苗裔,而夏后

---

[1] 白寿彝:《中国通史》第一卷,《导论》,上海人民出版社1989年版,第10页。

帝少康之庶子也",只是自从先祖被封于会稽"奉守禹之祀"后,才"文身断发,披草莱而邑焉"。而大禹是黄帝的后代,所以越国是黄帝的后代所建。如楚国,《楚世家》说"楚之先祖出自帝颛顼高阳",而颛顼高阳乃黄帝之孙昌意之子。如吴国,据《吴太伯世家》云,其始祖太伯,是周太王古公亶父的长子。当年因太王想立其弟季历及季历子昌,而与二弟仲雍一同奔走至荆蛮,自号勾吴,从而开始了吴国的历史。而周人,《三代世家》明确认为周始祖后稷是黄帝之后。如秦国,《六国年表》说"秦始小国僻远,诸夏宾之"。但是,这个在最初被诸夏看不起的偏远小国,它的始祖大业也是黄帝之后。《秦本纪》说:"秦之先,帝颛顼之苗裔。"可见,秦与楚还同出一系。当然,吴、越、楚、秦在战国以后就不再被当做蛮夷之国了,它们都完成了华化。不过,即使到汉朝仍被视为蛮夷如匈奴等,《史记》也肯定其与黄帝有着血脉关系,是黄帝的后代。《匈奴列传》说:"匈奴,其先祖夏后氏之苗裔也,曰淳维。"夏后世的后代,当然也就是黄帝的后代。正因如此,司马迁在《吴太伯世家》中有感说道:"余读《春秋》古文,乃知中国之虞与荆蛮勾吴兄弟也。"

第一章 汉代正史、民族史撰述与统一多民族国家的巩固

其次，承认夷夏之别只是社会发展水平的高低，夷与夏是可以互变的。《史记》认为，由于蛮夷之国多地处偏远，后来的历史发展使得它们普遍落后于中原华夏之国，与拥有先进礼乐文明的诸夏相比，它们自然要落后。不过这种夷夏之别，只是社会发展水平和文明程度存在高低，与民族属性和特性并没有关系。《史记》进一步认为，从夷夏各民族发展史来看，历史上既有夷出自夏而后落后于夏的状况，也存在着夏或出自夷、或变为夷的现象。如圣王大禹便是"兴于西羌"[1]，与羌族有渊源关系，后来却成了华夏祖夏后氏的始祖。"帝颛顼之苗裔"的秦，是到先祖大费以后，其子孙才"或在中国，或在夷狄"的[2]。周人在夏商文明的基础上建立起了"郁郁乎文哉"的发达礼乐文化，可是，周的先世却是"奔戎狄之间"，只是到了古公亶父时期，才开始"贬戎狄之俗"[3]。既然夷夏互变，相互包含，又何须去斤斤计较于这种夷夏之别呢！

毫无疑问，《史记》的民族认同，既是礼义文化的

---

[1]《史记》卷十五，《六国年表》，中华书局1959年版。
[2]《史记》卷五，《秦本纪》，中华书局1959年版。
[3]《史记》卷四，《周本纪》，中华书局1959年版。

认同，也是宗族血缘的认同。这样一种进步的民族认同思想的产生，与汉代大一统政治和先秦秦汉民族关系的发展都有密切的关系。众所周知，中国历史经过春秋战国的民族融合，春秋时期被人们视为夷狄的吴、越、楚、秦等国，到了战国都已经华化。而随着秦汉大一统政权的建立，由先秦华夏族发展而来的汉族不但成为主体民族，而且与各少数民族的民族一体性得到前所未有的加强。在大一统政权下，汉民族在与我国北方匈奴、东北诸族、西域各族、西羌族和南方各族的长期交往中，通过加强政治往来与经济文化交流、通好与战争、和亲与杂居等各种方式，逐渐将散布于四方的各民族联系为一体。正是这种民族关系的发展，大一统的时代政治格局，才最终促使了司马迁对民族关系有了新的认识。

相比较于《史记》，班固《汉书》主要是继承了传统儒家"内诸夏而外夷狄"和德化四夷的思想，其民族认同思想显得比较正统。《汉书·匈奴传赞》最能反映班固的"异内外"思想。在该篇赞语中，班固系统总结了西汉一代对匈奴的政策及其得失："高祖时则刘敬，吕后时樊哙、季布，孝文时贾谊、朝（晁）错，

第一章 汉代正史、民族史撰述与统一多民族国家的巩固

孝武时王恢、韩安国、朱买臣、公孙弘、董仲舒,人持所见,各有同异,然总其要,归两科而已。缙绅之儒则守和亲,介胄之士则言征伐,皆偏见一时之利害,而未究匈奴之终始也。"他认为终西汉一代中央政权对待匈奴的策略不出二途:或和亲,或征伐。指出这两种政策都是"偏见一时之利害,而未究匈奴之终始",单独推行其中任何一种政策都是不妥的。相比较而言,班固赞赏汉宣帝推行的"威德并重"政策,肯定汉宣帝"信威北夷",使得"单于慕义,稽首称藩"之功,堪比商代的高宗和周代的宣王。[1]进而班固提出了自己的对付匈奴之策,即所谓"来则惩而御之,去则备而守之。其慕义而贡献,则接之以礼让,羁縻不绝,使曲在彼,盖圣王治御蛮夷之常道也"[2]。班固的匈奴政策,其实质就是一种羁縻之策,具有被动、无为和消极的特点。班固还特别对东汉光武帝对西域诸国推行的羁縻政策大加赞赏。他说:"自建武以来,西域思汉威德,咸乐内属……圣上远览古今,因时之宜,羁縻不绝,辞而未许。虽大禹之序西戎,周公之让白雉,

---

[1]《汉书》卷八,《宣帝纪》,中华书局1962年版。
[2]《汉书》卷九十四,《匈奴传》,中华书局1962年版。

太宗之却走马，义兼之矣，亦何以尚兹！"[1]

在此，班固之所以有这样的主张，一方面是基于他对历史上以及东汉初年民族关系处理的认识，他认为这是历史上"圣王治御蛮夷之常道"[2]，同时也是东汉初年治夷取得成功的经验；另一方面是基于他的正统的民族观念，这种羁縻之策的思想基础即是传统儒家的"内诸夏而外夷狄"思想。当然，还有班固对夷狄抱有的民族偏见和歧视态度，《汉书》甚至直斥匈奴是"贪而好利，被发左衽，人面兽心"[3]之人。

然而，民族关系的本质是服从于政治统治的需要。从维护汉代多民族国家整体利益出发，《汉书》也重视宣扬传统儒家德化四夷的思想，提出了"招携以礼，怀远以德"的具体主张。在《西南夷两粤朝鲜传》中，班固肯定了汉文帝以恩德安抚尉佗的做法，明确主张对于夷狄应该要实行"招携以礼，怀远以德"的政策。该传还充分肯定了各民族相互交往的意义，认为巴蜀之民正是由于与各地进行商贸往来，才"以此巴蜀殷

---

[1]《汉书》卷九十六，《西域传》，中华书局1962年版。
[2]《汉书》卷九十四，《匈奴传》，中华书局1962年版。
[3]《汉书》卷九十四，《匈奴传》，中华书局1962年版。

第一章 汉代正史、民族史撰述与统一多民族国家的巩固

富"的。《西域传》也强调了推行德化夷狄民族政策的重要性,一方面肯定文景盛世少生边事的做法:"文、景玄默,养民五世,天下殷富,财力有余,士马强盛。"一方面则指出武帝由于连年征伐,晚年"下哀痛之诏,岂非仁圣之所悔哉!"即使如被骂为"人面兽心"的匈奴,对他们的主动归化还是给予充分肯定。如《匈奴传》就详细记载了汉宣帝时呼韩邪单于主动入朝,宣帝"宠以殊礼,位在诸侯王上",以及汉元帝时呼韩邪单于朝见汉元帝,"愿婿汉以自亲"和宫女王昭君嫁与呼韩邪单于的汉匈友好和亲的具体过程。《萧望之传》则对汉宣帝"宠以殊礼"的做法给予充分肯定,认为这是一种有利于四夷乡风慕化之举,是国家"万世之长策"。《汉书》还对怀远所产生的积极的政治示范效应给予肯定。如《西域传》就记载了西域各国"自呼韩邪单于朝汉,后咸尊汉矣"的详细情况。如西域龟兹王绛宾本来与汉有隙,可是娶了受汉文化熏陶的乌孙公主女儿后,便改变了对汉的态度,主动接受汉文化,"后数来朝贺,乐汉衣服制度,归其国,治宫室,作徼道周卫,出入传呼,撞钟鼓,如汉家仪"。原楼兰王死,汉"乃立尉屠耆为王,更名其国为鄯善",新立的鄯善王主

动请求"汉遣一将屯田积谷,令臣得依其威重"。此后的西域,正如班固所说,是"思汉威德,咸乐内属"。

综上所述可知,《汉书》民族观之"别夷夏"的色彩较为浓厚,对待夷狄以羁縻的办法也显得无为消极。不过这种羁縻政策就汉代而言,也不失为一种现实之举,它可以使中央政权统御夷狄时,能够做到伸缩自如、进退有据。同时,班固也肯定民族之间的友好往来,赞赏夷狄的主动归化,强调对夷狄实行德化的重要性。因此,羁縻的被动式御夷和"招携以礼,怀远以德"的主动式御夷,这两种思想是并存于班固的夷夏观之中的,二者只是维护汉代民族关系的不同策略罢了。

第二章 汉代历史文化认同意识与统一多民族国家的巩固

在大一统政权规模之下,汉承秦制,不但确立起了一整套封建制度与国家体制,而且民族关系也得到了迅速发展。在汉代统一多民族国家巩固的过程中,历史文化认同意识作为一种无形的精神力量,起到了至关重要的积极推进作用。本章从政治统绪、国家制度和礼义文化三个方面,对汉代的历史文化认同意识与统一多民族国家的巩固之间的关系作出系统阐述。

一、政治统绪认同意识与政权合法性的论证

政治统绪简称"治统",作为一种自觉意识,是指对于中国历史上历代政权的连续性问题所持有的一种

观念。汉代的政治统绪认同意识，主要体现在史学家司马迁和班固的历史撰述与经学家董仲舒和刘歆的历史理论中；而他们的治统认同意识，又与对现实政权合法性的论证紧密相连。

董仲舒为西汉公羊大师，所著《春秋繁露》虽然不是专门的历史著作，却内蕴着丰富的历史思想；而这些历史思想，则体现了董仲舒的一种政治统绪认同意识。董仲舒历史思想最具特色的部分，是其宣扬的"三统"说。"三统"说作为一种表述古今变易的历史学说，其首倡者现已无法确知，而对其作出最为系统阐述的，当属董仲舒。"三统"说的基本内涵，是肯定历史王朝按照黑、白、赤三统依次循环，凡新王受命而王，都必须要"改正朔、异服色"，建立一套与统属相适应的文物制度，以此显示天命的恩宠，同时与前朝区别开来，故而"三统"说的实质即是改制。以三统来对应历史王朝，董仲舒认为夏朝为黑统、商朝为白统，周朝为赤统。在"三统"说中，董仲舒提出了一个"王帝皇民"历史系统。《春秋繁露·三代改制质文》说：

第二章 汉代历史文化认同意识与统一多民族国家的巩固

> 是故周人之王尚推神农为九皇,而改号轩辕谓之黄帝,因存帝颛顼、帝喾、帝尧之帝号,绌虞而号舜曰帝舜,录五帝以小国。……《春秋》作新王之事,变周之制,当正黑统,而殷、周为王者之后。绌夏,改号禹谓之帝,录其后以小国。……故圣王生则称天子,崩迁则存为三王,绌灭则为五帝。下至附庸,绌为九皇。下极其为民。

这段话集中表述了两层含义:首先,历史朝代由近至远的循序系统依次是三王、五帝、九皇、民。其次,新王与故二王构成一个三统,三统移于下,则五帝、九皇依次上绌,九皇之上则"下极其为民",即绌为民,体现了尊新王的思想。由于董仲舒通常是以周为新王、以三代为三统来论三王五帝九皇的[1],故而他确立的古史帝王系统便是:周、商、夏"三王"——帝舜、帝尧、帝喾、颛顼、黄帝"五帝"——神农"九皇"。很显然,董仲舒所提出的这套"民皇帝王"系统,其实就是他关于中国历史政治统绪的一种认同。

---

[1] 苏舆说:"董以三代定三统,故以前云绌。"参见《春秋繁露》卷第七《三代改制质文》注文,中华书局1992年版。

值得注意的是，董仲舒"三统"说蕴含的政治统绪认同意识，具有明显的汉统承周的"摈秦"思想。当董仲舒以"三统"说来解说周代以后的历史时，他认为"《春秋》作新王之事，变周之制，当正黑统"[1]。董仲舒认为，西狩获麟是孔子受命之符[2]。然而董仲舒又不得不承认，孔子有德而无其位，《春秋》毕竟只是一部书，无法构成一统。于是他认为，孔子只能托于王鲁而作《春秋》，以当一王之法。并指出《春秋》的一王之法（黑统政治）是专门为汉朝制定的。在《天人策》中，董仲舒更是明确指出："今汉继大乱之后，若以少损周之文致，用夏之忠者。"[3]按照"三统"说，夏为黑统，汉用夏政，当然也就是说汉应为黑统了。这样一来，处于周、汉之间的秦皇朝就自然被排除于三统循环之外了。董仲舒何以要否定秦朝的历史统绪，《天人策》作如是说："自古以来，未尝有以乱济乱，

---

[1] 董仲舒：《春秋繁露》卷第七，《三代改制质文》，苏舆义证本，中华书局1992年版。

[2] 董仲舒：《春秋繁露》卷第六，《符瑞》，苏舆义证本，中华书局1992年版。

[3] 《汉书》卷五十六，《董仲舒传》，中华书局1962年版。

第二章 汉代历史文化认同意识与统一多民族国家的巩固

大败天下之民如秦者也。"[1] 这就是说,秦朝没有完成更化任务,所以无法成为一统。不过,董仲舒的"摒秦"论并不彻底,他在论及"有道伐无道"时,又肯定"周无道而秦伐之,秦无道而汉伐之"[2],将秦朝排入自夏至汉的王朝统绪之内。正如雷家骥所说:"董仲舒一系的汉统继周及摒秦说法,既以三统说为理论基础,而无以推翻当时尚盛行的邹衍五行相克说,故形成其不完全的摒秦论调。"[3] 董仲舒旨在试图否定秦朝历史统绪,宣扬汉统承周的思想,对汉代政治统绪认同意识具有重要影响。

西汉史学家司马迁作《史记》,其关于历代政治统绪的认同集中表现在两个方面:一是编排了一套历史统绪;二是提出了"圣王同祖"说。《史记》的《十二本纪》和诸《表》所编排的历史统绪,描述了一条治统轨迹,体现了一种治统认同意识。《史记》通过《五帝本纪》《夏本纪》《殷本纪》《周本纪》《秦本纪》《秦始

---

[1] 《汉书》卷五十六,《董仲舒传》,中华书局1962年版。
[2] 董仲舒:《春秋繁露》卷第七,《尧舜不擅移、汤武不专杀》,苏舆义证本,中华书局1992年版。
[3] 雷家骥:《两汉至唐初的历史观念与意识》,载《台湾及海外中文报刊资料专辑》特辑,书目文献出版社1987年版,第94页。

皇本纪》《项羽本纪》和西汉前期诸帝《本纪》，以及《三代世表》《十二诸侯年表》《六国年表》《楚汉之际月表》等，已经清晰地描述出了一个从五帝、三王到秦、项、刘汉的"治统"轨迹。《史记》还宣扬一种"圣王同祖"的思想。司马迁认为，黄帝是三代及其以前中国古代帝王的共同祖先。在《五帝本纪》中，黄帝为五帝之第一帝，其他四帝都与黄帝有血缘关系，其中颛顼为黄帝之孙、昌意之子；帝喾为青阳（黄帝子）之孙、蟜极之子；帝尧为帝喾之子；帝舜为颛顼之后、瞽叟之子。《五帝本纪》认为夏王朝的开创者大禹也是黄帝之后，乃颛顼之孙、鲧之子。所以司马迁说："自黄帝至舜、禹，皆同姓而异其国号。"《三代世表》提出商、周始祖契和后稷也都是黄帝的后代。对于司马迁"祖黄帝"思想的理论寓意，汉代经学家褚少孙是这样评述的："舜、禹、契、后稷皆黄帝子孙也。黄帝策天命而治天下，德泽深后世，故其子孙皆复立为天子，是天之报有德也。"[1] 这就是说，司马迁的"祖黄帝"说，蕴含着一种上天"报德"的思想。我们认为《史记》的"祖黄帝"

---

[1]《史记》卷十三，《三代世表》，中华书局1959年版。

第二章 汉代历史文化认同意识与统一多民族国家的巩固

说还有更深一层的理论意义,那就是它从王权统系上反映出了一种关于中国古代历史的认同意识。

司马迁治统认同的理论依据之一是西汉流行的"五德"说。首先,《史记》所构建的五帝、三王古史系统的历史运次便是采纳了"五德"说。如《五帝本纪》说黄帝"有土德之瑞,故号黄帝"。《殷本纪》说"汤乃改正朔,易服色,上白,朝会以昼"。《周本纪》记载了周武王起兵时就已经显现其火德的符瑞:"武王渡河,中流,白鱼跃入王舟中,武王俯取以祭。既渡,有火自上复于下,至于王屋,流为乌,其色赤,其声魄也。"其次,《史记》关于秦汉统绪也是采纳"五德"说的。《秦始皇本纪》说:"始皇推终始五德之传,以为周得火德,秦代周德,从所不胜。"关于汉朝德属,司马迁赞同贾谊、公孙臣汉朝为土德说,《汉书·郊祀志赞》说:"孝武之世,文章为盛,太初改制,而兒宽、司马迁等犹从臣、谊之言,服色数度,遂顺黄德。彼以五德之传从所不胜,秦在水德,故谓汉据土而克之。"同时,司马迁也深受董仲舒"三统"说的影响,并且继承了董仲舒的"摒秦"思想。在"五德"说中,司马迁肯定秦朝水德历史统绪。然在借用董仲舒"三统"

说解说历史统绪时，他一方面肯定夏商周三王推行忠敬文三道政治，认为"三王之道若循环，终而复始"[1]。一方面又明确指出秦继周而建，却不知变，"秦政不改，反酷刑法，岂不谬乎？故汉兴，承敝易变，使人不倦，得天统矣"[2]，隐含有"摈秦"之义。董仲舒"三统"说的一项重要内容是改正朔，所谓"三统三正"。《史记·历书》也说："夏正以正月，殷正以十二月，周正以十一月。盖三王之正若循环，穷则反本。"司马迁曾参与主持汉武帝太初年间的改历活动，这次修定的《太初历》，便是采用了"三统"说的正朔，汉朝用夏正，以正月为岁首。虽然《太初历》采用"三统"说的正朔并不能肯定就是司马迁的意见，但据《史记·韩长孺列传》载司马迁言"余与壶遂定律历"，以及《太史公自序》对这次修历活动的高度重视来看，《太初历》应该蕴含了司马迁的历法思想。既然《太初历》是行夏之时，也就意味着汉正是直接接续周正的，就如同汉代的忠道接续周朝的文道一样。这样一来，秦朝就从历法上被排除于历史王朝统绪之外了。

---

[1] 《史记》卷八，《高祖本纪》，中华书局1959年版。
[2] 《史记》卷八，《高祖本纪》，中华书局1959年版。

第二章　汉代历史文化认同意识与统一多民族国家的巩固

西汉末年古文经学家刘歆改造西汉前期盛行的由邹衍所创立的五德相胜说，而以五行相生之五德终始说来解说古史，提出了一套新的古史系统。据《汉书·律历志》的记载，这套古史系统的具体排列顺序为：伏羲、炎帝、黄帝、少昊、颛顼、帝喾、唐帝、虞帝、伯禹、成汤、(周)武王、汉高祖。在这个古史系统中，首先，与邹衍和司马迁《史记》"祖黄帝"不同，它"祖伏羲"。按照刘向、刘歆父子的说法，"以为帝出乎《震》，故包羲氏始受木德，其后以母传子，终而复始"[1]。其次，这个古史系统具有明确的"摈秦"思想。刘歆的"五德"说以汉朝火德上接周朝木德，"汉高祖皇帝，著《纪》，伐秦继周。木生火，故为火德"[2]，而不是得水德的秦朝。按照刘歆的解释，"秦以水德，在周、汉木火之间"，不得其序。与这种情况相一致，历史上的共工氏和帝挚由于分别以水德而居伏羲木德和炎帝火德、帝喾木德和帝尧火德之间也不得其序。[3] 也就是说，这些帝王的政治统绪没有得到承认。当然，刘歆说历史上的

---

[1]《汉书》卷二十五，《郊祀志下》，中华书局 1962 年版。
[2]《汉书》卷二十五，《律历志下》，中华书局 1962 年版。
[3]《汉书》卷二十五，《律历志下》，中华书局 1962 年版。

共工和帝挚,是为了说近代的秦朝,旨在否定秦朝的历史统绪。再次,宣扬"汉为尧后而得火德"说,为王莽代汉服务。在刘歆的"五德"说中,"汉为尧后"说尽管具有为刘汉政权的合法性进行论证的意味,更主要的还是为汉新禅代服务的。按照刘歆的说法,历史上尧得火德,舜得土德,"以母传子",火生土,故而尧禅位于舜;同样的道理,作为尧的后代,刘汉为火德,而王莽自称是黄帝、舜的后代,自然是土德,刘歆希望刘汉仿效其祖先尧禅位于舜,而将其政权移交给王莽。

东汉史学家班固著《汉书》,系统接受了刘歆的五行相生之五德终始说,故而《汉书》关于政治统绪的认同,是以刘歆古文经学历史理论为其依据的。同时,由于二人所处的时代不同,其理论解说的现实寓意又有很大的不同。首先,《汉书》不但详细记载了刘歆的古史系统,而且也完全认同和接受了这样一种政治统绪。《汉书》虽然是断代史,却是断而不断、断中有通的。包举一代的主要是纪传部分,而志和表的部分则是贯通古今的,其中就蕴含着班固关于古今历史和政治统绪的认同意识。如在《古今人表》等文中,班固就编

第二章 汉代历史文化认同意识与统一多民族国家的巩固

排了自伏羲以来的中国历史的政治统绪。《古今人表》将秦朝及其以前中国历史人物分为九等,其中的上上圣人,历史上依次有:太昊帝宓羲氏、炎帝神农氏、黄帝轩辕氏、少昊金天氏、颛顼帝高阳氏、帝喾高辛氏、帝尧陶唐氏、帝舜有虞氏、帝禹夏后氏、帝汤殷商氏、文王周氏、武王、周公和仲尼。在这些圣人中,除去文圣孔子和政治家周公外,其实都是中国历史各朝的建立者,而且与刘歆的古代帝王系统是完全一致的。也就是说,班固的所谓古圣人系统,其实就是他所认可的中国历史的治统。而在《古今人表》中,只有作为千古一帝的秦始皇和西楚霸王项羽,被一同列入到中下等中,显然班固并没有承认他们的政治统绪。在《汉书》的其他篇章,如《百官公卿表》《刑法志》等,也都不同程度地体现了这一治统思想。其次,断汉作史,旨在维护刘汉政治统绪。《汉书》不但通过记录刘歆古史系统,并且将这一古史观贯彻于撰述实践当中,以此否定秦朝的历史统绪,而且其断汉为史的编纂方法,也蕴含了维护刘汉政治统绪的思想。班固之所以断汉为史作《汉书》,改变司马迁创立的通史纪传的方法,其目的主要有两个:其一是为了"宣汉"的需要。

在他看来，历史王朝"虽有尧舜之盛，必有典谟之篇"，盛汉的功业需要史文来加以记载和传承。而在这一点上，《史记》不是一部汉朝全史，不足以反映大汉皇朝的功业。其二是为了确定汉皇朝的政治统绪。在班固看来，司马迁通史纪传的结果，将刘邦"编于百王之末，厕于秦、项之列"，这样的历史统绪编排是不妥当的。班固接受刘歆"摈秦"思想，不认同秦朝的历史统绪。至于项羽，则更是加以否定。他通过断汉为史，在历史编纂上避免了使刘汉"编于百王之末，厕于秦、项之列"的窘境，捍卫了刘汉的正统地位。[1] 最后，班固宣扬"汉为尧后"说，却与刘歆的政治旨趣有着明显的不同。刘歆宣扬"汉为尧后"说的主旨是为王莽代汉服务，而班固则是为了论证刘汉政权的合理合法性。众所周知，秦以前的历朝建立者，或者本身是圣王，或者是圣王之后，而刘邦建汉却是以一介布衣，"起于闾巷"。班固宣扬"汉为尧后"说，并在《高帝纪赞》中排列了一个从尧到丰沛发迹之刘邦这样一个刘氏世系，其目的无非就是要论证刘邦也是圣王之后，因而

---

[1] 参见《汉书》卷一百下，《叙传》，中华书局1962年版。

他建立的刘汉皇朝也是上天报德于圣王的结果，于是乎刘汉皇朝建立的合理合法性也就得到了论证。

二、国家制度认同意识与维护封建制度理论的构建

汉代国家制度认同意识，主要表现在对于以郡县制为基础的中央集权政治制度的认同和以神化君权、强化纲纪为思想内容的社会等级制度的认同两个方面；而汉代国家制度的认同意识，又蕴含在维护封建制度理论的构建中。

首先，对以郡县制为基础的中央集权政治制度的认同意识与"强干弱枝"理论的提出。与秦朝实行郡县制度不同，汉初采用的是一种郡国并行体制。之所以会采用封国制度，至少有这样两方面原因：其一是历史原因。在楚汉战争过程中，韩信等一些高级将领迫切希望被封王。刘邦起于闾巷，了解功臣们追求"割地有土"的迫切心情，知道封土建国是最能激发起他们为自己效命的。而刘邦之所以最终能灭楚建

汉，确实也与分封异姓功臣有密切的关系。因此，刘邦分封异姓王，是赢得楚汉战争的需要，也是一种迫不得已之举。当楚汉战争结束后，刘邦迅速翦灭了绝大多数异姓王，而以同姓王代之。其二是现实需要。刘邦之所以要在铲除异姓王后大封同姓王，正如司马迁所说的，是出于"以镇抚四海，用承卫天子"[1]的需要。当时的客观形势是一方面郡县制度还没有被广泛地推广，郡县长官的统治威望也没有建立起来，而异姓王被铲除后所留下的权力真空又必须要迅速地加以填补，分封同姓也就成为一种必然的选择。不过与周代分封不同，"刘邦的大封同姓，系作为完成大一统专制的一种手段；而不是像周公一样，'宗周'以居于天下大宗（共主）的地位为满足"[2]。然而刘邦故后的汉朝，随着中央政权统治的日渐稳定和地方郡县制度的日渐发展，这些同姓诸侯王不但逐渐失去了当初的政治辅佐功能，而且由于其势力的日益强大，已经构成了对中央集权体制的严重威胁，甚至在汉景帝时期出

---

[1]《史记》卷十七，《汉兴以来诸侯王年表》，中华书局1959年版。
[2] 徐复观：《两汉思想史》第一卷，华东师范大学出版社2001年版，第100页。

第二章 汉代历史文化认同意识与统一多民族国家的巩固

现了"七国之乱"这样一种觊觎神器的政治事件的发生，大一统政治局面出现了危机。而这样一种局面的出现，则是刘邦当初始料未及的。

面对封国势力的强大和对中央集权的威胁，地主阶级中的一些有识之士已经觉察到了形势的严峻性，而"这种在权力根源之地的矛盾，当时是借'强干弱枝'的口号叫了出来的"[1]。如贾谊的《陈政事疏》一再指陈当时"本末舛逆"的局势；《淮南子·主术训》则认为"枝不得大于干，末不得强于本"；董仲舒通过阐释《春秋》之义，而明确肯定"强干弱枝，大本小末"[2]是《春秋》"十指"之一；《史记·高祖功臣侯者年表序》也分析当时的局势是"始未尝不欲固其根本，而枝叶稍陵夷衰微也"，而当汉武帝晚年最终消除王国势力时，《汉兴以来诸侯王年表序》对这种"强本干，弱枝叶之势，尊卑明而万事各得其所"的局面给予了肯定。这种"强干弱枝"理论表现在具体政治主张上，首先

---

[1] 徐复观：《两汉思想史》第一卷，华东师范大学出版社2001年版，第103页。
[2] 董仲舒：《春秋繁露》卷第五，《十指》，苏舆义证本，中华书局1992年版。

是贾谊提出了"众建诸侯而少其力"[1]的主张。贾谊认为,"诸侯势足以专制,力足以行逆,虽令冠处女,勿谓无敢;势不足以专制,力不足以行逆,虽生夏育,有仇雠之怨,犹之无伤也"[2]。这就是说,决定诸侯王是否会造反,关键看其势力,而与主观善恶无关;要避免诸侯王造反,就必须要削弱其势力;而削弱其势力的最好办法,则是"众建诸侯而少其力"。汉景帝时,御史大夫晁错提出了"削藩"建议,这是一种直接将诸侯王的封地削归朝廷的做法,结果却成为以吴王刘濞为首发动"七国之乱"的导火线,晁错本人因汉景帝的失察而被诛杀。汉武帝时期,中大夫主父偃总结并吸取了过去贾谊、晁错等人的经验教训,而向汉武帝提出了"推恩分子弟"的建议。主父偃这一强干弱枝方法,妙就妙在"上以德施,实分其国"[3],诸侯王尾

---

[1] 《汉书》卷四十八,《贾谊传》,中华书局1962年版。
[2] 贾谊:《新书·权重》,载《贾谊集》,王洲明、徐超校注本,人民文学出版社1996年版。
[3] 《汉书》卷六十四上,《主父偃传》,中华书局1962年版。

第二章 汉代历史文化认同意识与统一多民族国家的巩固

大不掉的局面在不知不觉中被改变了。[1]

从本质上讲,西汉"强干弱枝"理论的提出以及付诸实施,其实就是对汉初郡国并行体制的一种修正,旨在重新回归到战国创立、秦朝确立的以郡县制为基础的中央集权政治统治模式上来。换言之,也就是对中央集权政治制度的重新认同。

其次,对社会等级制度的认同意识与神化君权、强化纲纪理论的提出。建构社会等级制度,首先必须要确定君权的至高无上地位。汉代强化君权,集中表现为对于君权的神话。在董仲舒的公羊学理论中,大力宣扬"圣人感生""人副天数""天人谴告"等君权神授论;司马迁《史记》虽然具有浓厚的重人事的思想,然而也宣扬了"圣人无父"和"圣王同祖"等君权神授思想;刘向、刘歆父子面对西汉末年衰政而大倡灾异说,同时刘歆的"汉为尧后"说和"祖伏羲"的古史理论,也都蕴含了君权神授的思想;班彪、班固父子也有浓厚的君权神授的思想,班彪通过作《王命论》,认

---

[1] 东汉初年虽然刘秀也大封功臣,然而东汉的分封与西汉前期封国的性质已经不同,受封者只是食地,而并不据地,也不能世袭,实质上只是对功臣的一种物质优待和政治地位的象征罢了。

为"神器有命",汉有"灵命之符",班固则大力宣扬"汉为尧后"说。这些神化君权的政治学说,当然是服务于巩固君主专制统治的一种需要。然而从思想文化渊源来讲,自然是对先秦以来神权政治思想的一种认同。早在夏商时期,君权神授的思想就已经形成。夏朝和商朝的统治者总是将自己的权力说成来自于天,是受天命而王。夏王常常将其征伐活动说成是"行天之罚"[1],商王也自认为是"我生不有命在天"[2]。西周建立后,周初统治者依然是信奉天命的,只是对于天命有了更深一层的认识,那就是意识到了天命是可以转移的,而转移的标准则是统治者的"德","德"的具体体现便是保民,所以他们奉行的政治统治原则便是尊天、敬德和保民。三代开创的这样一种神化君权的政治传统,在汉代统治者和思想家看来,是有利于维护和巩固君主专制的中央集权封建政治统治的需要,因而对于这种君权神授思想不但加以认同和继承,而且发扬光大,形成这一时期的一种主要政治思想。

汉朝在神化君权的同时,也重视纲常等级秩序的

---

[1] 《尚书·甘誓》,《十三经注疏》本,中华书局1980年版。
[2] 《尚书·西伯戡黎》,《十三经注疏》本,中华书局1980年版。

第二章 汉代历史文化认同意识与统一多民族国家的巩固

建构,提出了一套强化纲纪的理论。汉初贾谊大力提倡礼治,便是对社会等级制度的一种肯定。所撰《等齐》《阶级》《礼》和《服疑》等文(收录于《贾谊集》),集中对建立封建君臣等级关系的必要性作了阐述。贾谊认为,实行礼治,首先就是要建立起君尊臣卑的等级秩序,"尊卑已著,上下已分,则人伦法矣"[1]。其次也要"体貌大臣",虽然臣子从属于君,却又需要使他们在广大吏民面前有权威、立廉耻。再次则要以礼化俗,端正社会风气,建立起一个和谐的社会。最后还要定尊卑之制,也就是要借助于等级、势力、衣服和号令的不同,而对封建等级关系加以制度化。

董仲舒也非常重视维护封建等级制度和宣扬纲常伦理思想。董仲舒认为,礼的基本内容就是建立严格的封建等级差别,他说:"礼者,继天地,体阴阳,而慎主客,序尊卑贵贱大小之位,而差内外远近新旧之级者也。"[2] 其天人感应论的主旨思想,可以集中概括为"屈民而伸君,屈君而伸天",或者说是"以人随君,

---

[1] 贾谊:《新书·礼》,载《贾谊集》甲编,人民文学出版社1996年版。
[2] 董仲舒:《春秋繁露》卷第九,《奉本》,苏舆义证本,中华书局1992年版。

以君随天"[1]。他要建立起天——君——人这样一个等级秩序。董仲舒还大力宣扬三纲五常学说,这是其伦理思想的核心。所为"三纲",便是君为臣纲、父为子纲和夫为妻纲;所为"五常",则是指仁、义、礼、智、信。董仲舒认为"王道之三纲,可求于天"。并从天道阴阳的角度论证三纲学说的合理性,"丈夫虽贱皆为阳,妇人虽贵皆为阴。阴之中亦相为阴,阳之中亦相为阳。诸在上者皆为其在下阳,诸在下者各为其上阴"[2]。旨在以此构建起社会秩序。

东汉章帝时期颁布的由班固整理而成的《白虎通》,是一部谶纬化、神学化和法典化的儒学集大成著作,其中心思想便是对君权和"三纲六纪"进行了论证和规定。该书《三纲六纪》篇指出:"纲者张也,纪者礼也。大者为纲,小者为纪,所以强理上下,整齐人道也。人皆怀五常之性,有亲爱之心,是以纪纲为化,若罗网之有纪纲而万目张也。"该书推崇"君父

---

[1] 董仲舒:《春秋繁露》卷第一,《玉杯》,苏舆义证本,中华书局1992年版。

[2] 董仲舒:《春秋繁露》卷第十一,《阳尊阴卑》,苏舆义证本,中华书局1992年版。

大义",认为这是封建社会最为神圣不可侵犯的,并对君臣、父子、夫妻关系中应遵守的具体原则作了规定。

无论是贾谊的礼治思想,还是董仲舒的等级思想与纲常理论,或者《白虎通》的纲纪思想,都是服务于汉代封建等级制度建设的需要。然从思想渊源来讲,又都是对先秦儒家伦理思想的认同和继承。在先秦儒学发展史上,儒家创始人孔子在周礼的基础上提出了一套系统的礼学思想,战国大儒荀子继承了孔子礼治思想而提出"隆礼"主张,使礼成为其学说思想的核心观念和中心思想。针对汉代社会各种失序现象的出现,贾谊、董仲舒和《白虎通》的作者普遍认同于先儒的重礼思想,希望以此来规范汉代的社会秩序。只是董仲舒、《白虎通》更重视从天道高度作出神学阐释,他们的学说有着浓厚的神学味道。

三、礼义文化认同意识与民族观念的发展

以礼义文化作为分辨夷夏的标准,这样一种民族观念产生于先秦的儒家。汉代是中国统一多民族国家

民族关系与民族观念发展的重要时期，这一时期的夷夏之辨，继承并且发展了先秦儒家以礼义文化分辨夷夏的传统，表现出浓厚的礼义文化认同意识。

先秦儒家的民族观念，明显地打上了道德文化的烙印。孔子以"尊王攘夷"而著称，然而他的夷夏之辨，却重视道德标准。《论语·卫灵公》说："言忠信，行笃敬，虽蛮貊之邦行矣。言不忠信，行不笃敬，虽州里行乎哉！"《子路》篇也说："居处恭，执事敬，与人忠，虽之夷狄，不可弃也。"在孔子的言语当中，尽管有着蔑视夷狄的意味，但却明确认为夷狄与诸夏所拥有的道德标准是一致的，那就是儒家的礼义文化。孟子称蛮夷为"南蛮鴃舌之人"，对夷狄有明显的歧视。然而他对夷狄当中仰慕并且主动学习诸夏礼义文化之人则予以充分肯定，他说："陈良，楚产也，悦周公仲尼之道，北学于中国，北方之学者未能或之先也。彼所谓豪杰之士也。"[1] 同样是夷狄，陈良因为学习儒家礼义文化，而成为孟子心目中的豪杰之士。

汉代公羊学从《公羊传》到董仲舒、再到何休，

---

[1] 《孟子·滕文公上》，《十三经注疏》本，中华书局1980年版。

第二章　汉代历史文化认同意识与统一多民族国家的巩固

都有重视夷夏之辨的传统。公羊家们夷夏之辨的本质究竟是什么？首先，他们不是从血缘、地域和种族上对于夷夏做出区隔，而是要彰显礼义文化。在他们看来，所谓的夷夏之别，也就是礼义文化之别，华夏是先进礼义文化的代表。其次，他们绝不是为分辨夷夏而分辨夷夏，而是希望通过分别这种差异，进而用中原华夏先进的礼义文化去同化四邻落后的少数民族，促使他们向华夏礼义文化看齐。

《公羊传》夷夏之辨的中心思想可以用两句话来概括，第一句是"内其国而外诸夏，内诸夏而外夷狄"[1]，意思是说在中原尚处在混乱的情况下，要使京师与诸夏内外有别；在中原混一后，要使诸夏与四邻夷狄内外有别。简言之，突出的是一个"别"字，二者的尊卑关系非常清楚。第二句话是"退于夷狄则夷狄之，进于中国则中国之"[2]，明确告诉人们，所谓的夷夏之别，只是礼义文化之别，不是种族之别。这里"中国"

---

[1] 《公羊传·成公十五年》，《十三经注疏》本，中华书局1980年版。
[2] 原话出自韩愈《原道》："孔子之作《春秋》也，诸侯用夷礼，则夷之；进于中国，则中国之。"(《韩愈全集》，上海古籍出版社1997年版，第121页)《公羊传》通篇体现了这一思想，其中桓公十五年、昭公二十三年和定公四年等文表述更为明确。

代指礼义文化，意思是说能够主动向中国先进礼义文化看齐的人，无论原先是中原华夏族还是四邻少数民族，都可视为"中国"人，也就是具有礼义文化的人；反之，自甘堕落，不讲礼义，即使是中原华夏之人，也应视他为夷狄之人。毫无疑问，《公羊传》的夷夏之辨，是对以礼义文化分辨夷夏的传统观念的认同，只是其表述更为清晰。

董仲舒的夷夏之辨思想几乎同《公羊传》如出一辙。首先，与《公羊传》一样，董仲舒也明确以礼义文化作为分辨夷夏的标准，并且明确提出分辨夷夏的目的就是为了明"人伦"[1]，也就是要以华夏礼义文化——封建纲常伦理道德来对人们进行道德规范，视其为全社会的一种道德准则。其次，与《公羊传》一样，董仲舒也强调夷夏之辨需要"从变从义"[2]，其基本原则也就是《公羊传》"退于夷狄则夷狄之，进于中国则中国之"的思想。

与《公羊传》和董仲舒略有不同，东汉末年公羊

---

[1] 董仲舒：《春秋繁露》卷第三，《精华》，苏舆义证本，中华书局1992年版。

[2] 参见《春秋繁露》的《精华》《竹林》《仁义法》《观德》等篇。

第二章 汉代历史文化认同意识与统一多民族国家的巩固

学集大成者何休则重视从历史发展过程来看待夷夏之辨问题。在何休看来,历史发展分为三个阶段,即衰乱世、升平世和太平世。在衰乱世,由于诸夏尚未统一,夷狄"未得殊"[1],这个时候不存在夷夏之辨问题。到了升平世,已经形成中原华夏与四邻夷狄的基本格局,于是有了夷夏之辨。何休关于夷夏之辨的原则和目的的论述,则是掇拾了《公羊传》和董仲舒的思想,没有什么新意。而到了太平世,随着四邻夷狄礼义文化的提高,夷狄已经"进至于爵",于是乎,夷夏之间的区别也就不存在了,何休将其称为"天下小大远近若一"[2]的社会,也就是整个社会都进入了一个具有礼义文化的社会,这是何休对社会发展与进步的一种理想,它将董仲舒等公羊家们的以夏化夷的伟大理想变成了现实。

汉代史学家以司马迁、班固为代表,他们的夷夏之辨存在着明显的不同。司马迁不斤斤计较于夷夏之

---

[1] 何休:《春秋公羊传解诂·隐公元年》,徐彦注疏本,上海古籍出版社1990年版。

[2] 何休:《春秋公羊传解诂·隐公元年》,徐彦注疏本,上海古籍出版社1990年版。

辨，而班固的夷夏观则相对保守。然而他们的夷夏之辨，却都蕴含有礼义文化认同意识。

司马迁虽然承认中原华夏与四邻夷狄在礼义文明上存在着差异，却能用发展的眼光来看待这种差别，甚至认为夷与夏可以是相互转变、相互包含的。首先，司马迁宣扬华夷各民族同源共祖的思想。在司马迁的"祖黄帝"说中，还内蕴着一种民族同祖的思想，即认为华夷各民族同源共祖于黄帝，各少数民族都与黄帝有着血缘关系，都是黄帝的后代，他们与华夏民族及其后来的汉民族是同宗同祖的兄弟。春秋时期，吴、越、楚、秦各诸侯国被人们视为蛮夷之国，《史记》则明确认为这些蛮夷之国的诸侯王，都是黄帝的后代。如越国，《越王勾践世家》说："越王勾践，起先禹之苗裔，而夏后帝少康之庶子也"；如楚国，《楚世家》说："楚之先祖出自帝颛顼高阳"；如吴国，据《吴太伯世家》云，其始祖太伯，是周太王古公亶父的长子；如秦国，《秦本纪》说："秦之先，帝颛顼之苗裔"；即使到汉朝仍被视为蛮夷，如匈奴等，《史记》也肯定其为黄帝的后代，《匈奴列传》说："匈奴，其先祖夏后氏之苗裔也，曰淳维。"其次，司马迁从礼乐文明的角度承认夷夏有

第二章 汉代历史文化认同意识与统一多民族国家的巩固

别,却又强调不要斤斤计较于这种夷夏之别。司马迁认为,由于蛮夷之国多地处偏远,其礼乐文明自然要落后于诸夏。因此,夷夏之别,是地域原因造成的礼义文化的先进与落后之别,在社会发展水平和文明程度上存在着高低之分,而与民族属性并没有关系。从这样一种夷夏之别观念出发,司马迁反对斤斤计较于夷夏之别。他认为,从夷夏各民族发展史来看,历史上既有夷出自夏而后落后于夏的状况,也存在着夏或出自夷、或变为夷的现象。如圣王大禹便是"兴于西羌"[1],与羌族有渊源关系。"帝颛顼之苗裔"的秦,到先祖大费以后,其子孙才"或在中国,或在夷狄"[2]。周人在夏商文明的基础上建立起了"郁郁乎文哉"的发达礼乐文化,可是,周的先世却是"奔戎狄之间",只是到了古公亶父时期,才开始"贬戎狄之俗"[3]。因此,蛮夷与华夏本来就存在着密不可分的关系,夏可变为夷,夷也可变为夏,二者不是泾渭之分,而是你中有我、我中有你的关系。诚如司马迁在《吴太伯世家》中所

---

[1] 《史记》卷十五,《六国年表》,中华书局1959年版。
[2] 《史记》卷五,《秦本纪》,中华书局1959年版。
[3] 《史记》卷四,《周本纪》,中华书局1959年版。

说的:"余读《春秋》古文,乃知中国之虞与荆蛮勾吴兄弟也。"既然夷夏是兄弟,又何须去斤斤计较于这种夷夏之别呢!

班固继承了先秦儒家和汉代公羊家以夏化夷的思想,主张制礼作乐以德化民,用先进的礼义文化改造少数民族及落后地区的习俗,明显表现出对于儒家礼义文化的认同意识。在《汉书·礼乐制》中,班固对儒家礼乐文化的功能以及倡导礼乐文化的意义作如是说:

"六经之道同归,而礼乐之用为急。治身者斯须忘礼,则暴嫚入之矣;为国者一朝失礼,则荒乱及之矣。人函天地阴阳之气,有喜怒哀乐之情,天禀其性而不能节也,圣人能为之节而不能绝也,故象天地而制礼乐,所以通神明,立人伦,正情性,节万事者也。……王者必因前王之礼,顺时施宜,有所损益,即民之心,稍稍制作,至太平而大备。周监于二代,礼文尤具,事为之制,曲为之防,故称礼经三百,威仪三千。于是教化浃洽,民用和睦,灾害不生,祸乱不作,囹圄空

第二章　汉代历史文化认同意识与统一多民族国家的巩固

虚，四十余年。孔子美之曰：'郁郁乎文哉！吾从周。'"[1]

班固于汉代历史最倾心仰慕文景之治，他认为文景之治的成功主要在于教化。他赞赏文景时期"专务以德化民，是以海内殷富，兴于礼义，断狱数百，几致刑措。呜呼，仁哉！"[2]"周云成康，汉言文景，美矣！"[3]这种礼乐教化观念反映在班固的夷夏观上，则是重视以德化夷。班固对蛮夷的偏见较深，认为他们"贪而好利，被发左衽，人面兽心"[4]。在《汉书·匈奴传赞》中，班固反对西汉对于匈奴采用的或和亲、或征伐的两种政策，认为都是"偏见一时之利害，而未究匈奴之终始"。而主张实行羁縻政策："来则惩而御之，去则备而守之。其慕义而贡献，则接之以礼让，羁縻不绝，使曲在彼，盖圣王御蛮夷之常道也。"并认为他的这种羁縻之策，正是古代圣王的治御蛮夷之策。

---

[1]《汉书》卷二十二，《礼乐志》，中华书局1962年版。
[2]《汉书》卷四，《文帝纪赞》，中华书局1962年版。
[3]《汉书》卷五，《景帝纪赞》，中华书局1962年版。
[4]《汉书》卷九十四下，《匈奴传》，中华书局1962年版。

班固对于东汉光武帝建武以来推行羁縻政策，致使西域诸国慕汉之威德而乐于内属的做法大加赞赏，《西域传》说："自建武以来，西域思汉威德，咸乐内属……圣上远览古今，因时之宜，羁縻不绝，辞而未许。虽大禹之序西戎，周公之让白雉，太宗之却走马，义兼之矣，亦何以尚兹！"然从维护大一统政治出发，班固又能充分认识到德化四夷的重要性，并且将此奉为处理汉代民族关系的重要原则。如《萧望之传》就肯定了汉朝天子对待来朝的呼韩邪单于以位在诸侯王之上之礼的做法，认为这是一种有利于四夷乡风慕化之举，是国家"万世之长策"。《西南夷两粤朝鲜传》肯定了汉文帝以恩德安抚尉佗的做法，认为对于夷狄应该实行"招携以礼，怀远以德"的政策。《西域传》一方面肯定文景盛世少生边事的做法："文、景玄默，养民五世，天下殷富，财力有余，士马强盛。"一方面则指出武帝由于连年征伐，晚年"下哀痛之诏，岂非仁圣之所悔哉！"《汉书》还以具体事例说明汉代以夏化夷的效果。众所周知，汉代统治者标榜以孝治天下，故而在帝王的谥号上往往加有"孝"字。随着汉匈文化的长期交往，匈奴单于也在自己的称号上加上"若

第二章 汉代历史文化认同意识与统一多民族国家的巩固

鞮"(即汉文"孝"之意)的字样。对于这种文化现象,《匈奴传》特意作了说明:"匈奴谓孝曰'若鞮'。自呼韩邪后,与汉亲密,见汉谥帝为'孝'字,慕之,故皆为'若鞮'。"[1] 从中我们可以清楚看到汉族礼义文明对匈奴社会长期的浸润作用。

综上所述可知,汉代集中阐述夷夏之辨思想的主要是公羊家和史家,他们的夷夏之辨思想虽然不尽相同,其中公羊家和史家班固相对更加重视夷夏之辨,强调德化四夷,而史家司马迁则不斤斤计较于夷夏之别,并能辩证地看待历史上的夷夏关系。然从历史文化认同角度而言,他们都普遍认同先秦儒家以礼义文化分辨夷夏的思想,并对这一思想作出了更为系统和清晰的阐释,体现了汉代民族观念的发展。而汉代重视以礼义文化分辨夷夏的民族观念,通过对汉代民族政策的制定与民族关系的处理所产生的影响,对维护和加强汉代民族关系、进而巩固统一多民族国家的大一统政治起到了重要作用。

---

[1] 《汉书》卷九十四下,《匈奴传》,中华书局1962年版。

第三章 "二十四史"民族史撰述与中国多民族国家历史的构建

中国自古以来就是以汉族为主体的多民族的国家,在几千年多民族国家发展历史过程中,留存下了大量载记中国历史的史籍,为我们认识和了解多民族国家发展史提供了宝贵的史料。不过这些浩如烟海的史籍,记述的主要是汉民族的历史。相比较而言,作为中国历史不可分割的重要组成部分的少数民族历史,其历史记述则显得较为薄弱。"二十四史"作为历代正史,是反映中国悠久历史的重要文献载体。"二十四史"中的民族史撰述,以"四裔传"为主体,包含大量与民族史相关的纪传志表部分,是中国古代关于少数民族历史和民族关系史的重要记述。正是有了这些民族史撰述,"二十四史"才真正构建起了中国

第三章 "二十四史"民族史撰述与中国多民族国家历史的构建

多民族国家的历史。本章从中国多民族国家谱系的创立、多民族国家历史的构建和多民族国家民族关系的主流三个方面，具体论述二十四史民族史撰述与中国多民族国家历史的构建之关系。

一、创立了中国多民族国家的谱系

谱系，是指中国各民族成员之间的亲缘关系。今天的中华民族，是由汉、满、回、蒙、藏等56个民族组成。在中国历史上，汉族与各少数民族却是处在不断变动中的。作为少数民族，有的在历史进程中消失了，同时也产生了一些新的少数民族；作为汉民族，由先秦地处中原的华夏民族，经过汉代政治大一统而开始成为中国的主体民族，并且在魏晋以后持续发展着。正是历史上民族关系的不断发展，才最终形成了今天以汉族为主体的中华民族民族大家庭的基本格局。那么，历史上的中国各民族是否存在着一种具有内在凝聚力的亲缘关系呢？由《史记》开端的历代正史，给了我们肯定的回答。正是这些正史的民族史撰述，创立了中国多民族国家的谱系。

说起历史上中国各民族的族源关系，可以追溯到传说时代。早在传说时代，中国境内就已经存在着许多民族。其中中原的民族，由炎帝之族和黄帝之族先后进入黄河中游以后逐渐融合而成，这便是华夏族的雏形；与中原相对应的四邻众多民族，则按照方位统称大漠南北等地的北方之族为狄，黄河下游与淮河流域的东方之族为夷，九黎和三苗等地的南方之族为蛮，西方之族为戎。而中原炎黄民族的后裔，则有夏有夷，如炎帝后裔就有姜姓诸夏与姜姓诸戎，甚至包括氐羌；黄帝后裔，《国语·晋语》有所谓因母不同而"别为十二姓"，也有所谓姬姓诸夏与姬姓诸戎。至于蛮夷戎狄"四夷"，则更是包含了数量众多的民族，如舜时的西戎就有戎、氐、羌、渠廈、析枝等，北狄有山戎、发、肃慎等，东夷有长夷、鸟夷等，南蛮有三苗、交趾等。据说舜继承尧位，便是由四方领袖所推荐；而先后被确定为禹的继承人的皋陶、伯益都属于夷族，华夏族的祖先，其实就已经包含了一部分羌、夷民族的人。经过夏商周三代的发展，居于黄河流域的中原民族不断吸收四夷民族成分，逐渐形成了华夏族；而蛮夷戎狄一方面其民族成分不断发展与变化，同时加强了与

第三章 "二十四史"民族史撰述与中国多民族国家历史的构建

中原华夏族的关系。在这个社会历史发展阶段，民族发展与民族融合交互进行，总体特点是华夏民族的不断壮大和民族间关系的日益密切。经过秦朝大一统政权的建立和汉代大一统政权的巩固，随着汉族大一统政权的不断展拓，汉民族已经形成为占据主导地位的主体民族；而在大一统政权下，本来就具有密切关系的各少数民族与汉民族的关系得到了空前的加强。

在先秦民族关系发展和汉代大一统政权的大背景下，司马迁撰述《史记》，第一次对中国民族大家庭的各成员间的关系进行了历史的审视，从血缘角度首创了中华民族完整的谱系。首先，《史记》首次提出中华民族起源的一元说。在民族起源问题上，需要厘清两个概念，那就是世界视野的民族起源论与中国视野的民族起源论。就世界视野来讲，中华民族或中国人种并非"西来说"，而是起源于中华大地。"中华民族的祖先，应是来自这些远古洪荒时代已繁衍生息于中华大地并且继续在本土创造着中华民族起源阶段历史与文化的人们。中华民族在后世的发展中吸收了外来的文化与民族成分使自身更加壮大，但就整体而言，中华民族起源于中华大地，具有鲜明的土著起源的特点。"[1]英国考古学家格林·丹尼尔(Glyn Daniel)在《最初的文明:关于文明起源的考古学研究》一书中也认为,世界上有六大文明是独立起源的,他们分别是美索不达米亚(两河流域)、埃及、印度、中国、墨西哥(包括奥尔密克文化和玛雅文化)和秘鲁。[2]就中国视野来说,今天的考古学和民族学材料告诉我们,自旧石器以来所逐渐形成的中华大地上的民族,它的起源并非一个中心,而是呈多元化特点。司马迁所处的时代还没有这些考古学和民族学材料作为依据,《史记》关于中华民族起源的看法明显异于今天的通行看法,它在学术史上最早提出了中华民族起源一元说,即认为相对于中原华夏族的四夷民族,是由中原华夏族派生出的。《史记·五帝本纪》说:"于是舜归而言于帝(尧),请流共工于幽陵,以变北狄;放驩兜于崇山,以变南蛮;迁三苗于三危,以变西戎;殛鲧于羽山,以变东夷。"这就明确告诉人们,所谓的北狄、南蛮、西戎和东夷,其实是华夏领袖将有罪之臣贬到四方,由此产生了四

---

[1] 王锺翰:《中国民族史》,中国社会科学出版社1994年版,第8页。
[2] 转引自王锺翰:《中国民族史》,中国社会科学出版社1994年版,第5页。

第三章 "二十四史"民族史撰述与中国多民族国家历史的构建

夷民族的。

其次,《史记》提出了各民族同祖黄帝的血统论。考古学和民族学的材料早已证明,既然中华大地上的各民族并非起源于一个中心,那么中华民族也就不可能起源于某一个支派,更不会起源于某一个古圣王。然而《史记》不但认为四夷由中原华夏派生,而且认为四夷与中原华夏民族一样,都是黄帝之后。《史记》的《五帝本纪》和《三代世表》具体论述了古圣王五帝(除黄帝之外)、三王都是黄帝之后,并且具体排列了古圣王的世系,其中"自黄帝至舜、禹,皆同姓而异其国号";而商、周的具体世系排列则分别是:"黄帝生玄嚣,玄嚣生蟜极,蟜极生高辛,高辛生禼,禼为殷祖""黄帝生玄嚣,玄嚣生蟜极,蟜极生高辛,高辛生后稷,为周祖。"据此商、周的始祖契和后稷其实是同父同祖的兄弟。《史记》的一些"世家"和"列传",则详细列举了所谓的四夷民族与黄帝之间的血缘关系。如《越王勾践世家》说:"越王勾践,起先禹之苗裔,而夏后帝少康之庶子也";《楚世家》说:"楚之先祖出自帝颛顼高阳";《吴太伯世家》云,其始祖太伯,是周太王古公亶父的长子;《秦本纪》说:"秦之先,帝颛顼之苗裔";《西南夷列传》说:"秦灭诸侯,惟楚苗裔尚有滇王";《东越列传》说:"闽越王无诸及越东海王摇者,其先皆越王勾践之后也";《匈奴列传》说:"匈奴,其先祖夏后氏之苗裔也,曰淳维。"由此可见,追溯这些少数民族,最终都可以上溯到黄帝,即都是黄帝的后代。

毫无疑问,司马迁《史记》所创立的中华民族这个完整的民族谱系,从今天来看显然是不科学的,有很多自己的主观臆想。然而这样一个民族谱系的创立,首先是开启了中华民族起源一元说,并成为中国古代关于民族起源的一种正统和主流的史观,对中国古代民族观念和国家观念都产生了重要影响。其次,这种民族起源一元说,具有民族认同意识,各民族认同黄帝为共同的祖先,对增强中国多民族国家的民族凝聚力和向心力,巩固中国多民族国家是有积极影响的。此外,从夷夏族源演变的具体历史发展来看,《史记》的华夷互包与夷夏同源说,也是具有一定的历史事实依据,而并非完全凭空想象。

司马迁之后,历代正史的撰述,沿袭了这样一种民族同源共祖的思想。班固《汉书》是正统史学的代

第三章 "二十四史"民族史撰述与中国多民族国家历史的构建

表,其民族观相对比较保守,如《叙传》说"西南外夷,种别域殊",这里的"种别",似乎是强调华夷血统的不同。不过《汉书》的华夷之辨,主要还是认为由于华夷"域殊"而导致的"文野"之分,华夏代表礼义,蛮夷代表野蛮,他们"苟利所在,不知礼义"[1]。即使这样,《汉书》还是在一定程度上接受了《史记》的华夷同祖的思想,即使如被其骂为"人面兽心"的匈奴,它也肯定"其先夏后氏之苗裔"[2];肯定西南少数民族与华夏之间的血缘关系,说"秦灭诸侯,唯楚尚有滇王"[3],而楚乃颛顼之后。这显然沿袭了《史记》的华夷同祖说。

魏晋南北朝时期复杂的民族关系和尖锐的民族矛盾,使得血缘认同往往会成为确立皇朝政权合法性的重要手段。总体来说,汉族政权为了维护自己的正统地位,往往从血统上进行夷夏之辨,以期否定少数民族政权的合法、正统地位;与之相对应,少数民族政权则重视血缘认同,注重将自己与古代华夏圣王联系

---

[1] 《汉书》卷九十四上,《匈奴传》,中华书局1962年版。
[2] 《汉书》卷九十四上,《匈奴传》,中华书局1962年版。
[3] 《汉书》卷九十五,《西南夷两粤朝鲜传》,中华书局1962年版。

起来，从而在血统上来维护自己政权的正统地位。《晋书》虽然成于唐朝，为汉族政权编纂，却对十六国少数民族政权的血缘认同意识作了记述。如《刘元海载记》就记述了匈奴人刘渊认同自己为刘汉后裔，所建政权也以"汉"为号。按照刘渊自己的说法，他建立刘汉是"绍修三祖之业"，这"三祖"即是指汉高祖、汉文帝和汉武帝；《赫连勃勃载记》则记述匈奴人赫连勃勃"自以匈奴夏后氏之苗裔也"，而将其建立的政权号为"大夏"；《慕容廆载记》记述了鲜卑族前燕政权的建立者以"有熊氏之苗裔"自居；《苻洪载记》记述了氐人苻氏以"有扈之苗裔"自居，如此等等，不一而足。这些少数民族政权的统治者都非常重视将自己与华夏血统联系起来，当然这种血统认同是服务于政治认同的需要。又如作为唐初"五代史"之一的《周书》，其《文帝纪》就明确认为后周建立者鲜卑宇文部"其先出自炎帝神农氏"。该书的《异域传》认为像稽胡、库莫奚、突厥等族，其实也都是华夏古圣王的后代，如，"稽胡一曰步落稽，盖匈奴别种"，"库莫奚，鲜卑之别种"，"突厥者，盖匈奴之别种"。而匈奴、鲜卑，按照《史记》和《周书》的说法，也都是炎黄之后。

第三章 "二十四史"民族史撰述与中国多民族国家历史的构建

这一时期重视血缘认同的代表之作当属魏收的《魏书》。《魏书》作为正史的特殊之处,是皇朝史与民族史一身二任。该书开篇详细叙述了北魏政权的建立者拓跋氏自黄帝以来的世系:

> 昔黄帝有子二十五人,或内列诸华,或外分荒服,昌意少子,受封北土,国有大鲜卑山,因以为号。其后,世为君长,统幽都之北,广漠之野……黄帝以土德王,北俗谓土为托,谓后为跋,故以为氏。其裔始均,入仕尧世……爰历三代,以及秦汉,獯鬻、猃狁、山戎、匈奴之属,累代残暴,作害中州,而始均之裔,不交南夏,是以载籍无闻言。
>
> 积六十七世,至成皇帝讳毛立。聪明武略,远近所推,统国三十六,大姓九十九,威振北方,莫不率服。

对于《魏书》关于拓跋氏世系所据我们已不得而知,然作者之所以如此不厌其烦地叙述拓跋氏自黄帝以来的世系,无非是要论证鲜卑拓跋氏乃黄帝之后,从血缘角度论证北魏政权的合理合法性。

宋辽金元是中国历史上又一个多民族政权对峙、民族关系复杂的时期，反映这一时期历史的正史民族史撰述，也非常重视少数民族政权统治者对于华夏血缘的认同，以元朝史官纂修的《辽史》最具代表。《辽史·太祖本纪赞》肯定建立辽国的契丹族是出自于炎帝："辽之先，出自炎帝，世为审吉国，其可知者盖自奇首云。奇首生都菴山，徙潢河之滨。"并且详细记述了自奇首至太祖耶律阿保机的辽朝皇族世系。《世表序》则借鉴了司马迁的族源论述思想和《周书》的说法，对辽之契丹族源自炎帝作了论证："庖牺氏降，炎帝氏、黄帝氏子孙众多，王畿之封建有限，王政之布濩无穷，故君四方者，多二帝子孙，而自服土中者本同出也。考之宇文周之《书》，辽本炎帝之后，而耶律俨称辽为轩辕后。俨《志》晚出，盖从周《书》。"这里所谓"君四方者，多二帝子孙"的说法，是符合司马迁《史记》各民族同祖黄帝的族源论述思想的，同时也隐含了对元朝建立者蒙古人自身的血缘身份认同的意味于其中。而借鉴《周书》的说法，则增强了辽出自炎帝说法的说服力。

第三章 "二十四史"民族史撰述与中国多民族国家历史的构建

从上所述可知，由司马迁《史记》开启的华夷民族同源共祖说，并据此编定的中国多民族亲缘谱系，在历史的发展长河中，经过历代正史的不断宣扬，已经形成为中国各民族的一种共识。位列其中的历史上的华夷各族，共同都以炎黄后裔自居，相互经过长时间的民族交往与融合，最终形成了今天拥有56个民族的中华民族大家庭。

二、构建了中国多民族国家的历史

中国历史的记述开始于先秦时期。甲骨文、金文、"六经"、诸子书、国史以及《竹书纪年》《世本》《战国策》等私人历史撰述，构成了先秦历史的主要撰述。这些先秦历史撰述，虽然撰述旨趣与对象不尽相同，却有一个共同点，那就是已经对民族史有所反映。如《诗经·鲁颂·閟宫》颂扬鲁僖公功德："戎狄是膺，荆舒是惩""淮夷蛮貊，及彼南夷，莫不率从"。这里的戎狄、荆舒、淮夷、蛮貊、南夷自然是商周之外的民族。《尚书》的《牧誓》篇记述周武王牧野誓师，其中提到了跟从武王伐纣的各四夷民族："嗟我友邦冢君,御事、司徒、司马、司空、亚旅、师氏、千夫长、百夫长及庸、蜀、羌、髳、微、卢、彭、濮人。"可见武王伐纣的队伍,可以称得上是一支多民族的联军。如《国语》,其中的《楚语》《吴语》《越语》等,其实记述的就是当时南方各民族史。为何先秦文献会涉及很多民族史撰述,道理很简单:因为在先秦的历史舞台上,四夷民族已经成为商周国家的配角,参与到了当时的历史进程当中。不过先秦的历史撰述,既没有一部完整的商周史,更没有一部涵盖各少数民族于其中的商周史。

司马迁《史记》既是第一部中国通史,记载了自黄帝至汉武帝三千年历史;也是第一部中国全史,它记述了涵盖汉朝时期中国境内各民族的历史,因而是中国史学史上第一次构建起了中国多民族国家的历史。《史记》有《本纪》12篇、《表》10篇、《书》8篇、《世家》30篇、《列传》70篇,共计130篇。其中民族史传6篇,分别是《匈奴列传》《南越尉佗列传》《东越列传》《朝鲜列传》《西南夷列传》和《大宛列传》,另有一些民族史材料散见于各列传和书、表当中。《史记》关于民族史的撰述,虽然立足于汉朝,以汉朝时期各主要

第三章 "二十四史"民族史撰述与中国多民族国家历史的构建

少数民族为基础，却在对民族史的具体论述中，都普遍重视族源的考察，内容广泛涉及先秦很多四夷民族。从某种程度来讲，它也是一部关于汉朝以前中国民族史的通史。民族史之外的撰述，都属于汉民族或称华夏民族的历史，其中以秦汉史最为详尽。《史记》对于中国多民族国家历史撰述的重要意义，是第一次作了全景式的叙述，由此开启了此后《汉书》至《明史》之历代正史撰述民族史、构建中华全史的传统。

纵观"二十四史"关于中国多民族国家历史的构建，主要呈现出以下特点：

第一，重视全景式历史叙述。历代正史作为皇朝史，必须首先从政治影响力角度对皇朝历史作出充分反映；而体现皇朝政治影响力的重要尺度，便是皇朝政治对于国家、天下的有效统治程度，直言之，也就是中原政权对于四夷的统治力。这是作为正史的皇朝史撰述区别于其他历史撰述的地方。早在先秦时期，中国历史舞台上就有中原地区的华夏和四周的夷狄，华夏民族占据中原，建立局部统一的夏、商、周国家，并以其先进的文明而具有强大的向心力，吸引着四邻夷狄民族与其交往，乃至自动融合，从而形成一种共处互动的局面。因此，华夷作为共同的命运体，是先秦客观历史现状。这种历史格局反映在人们的思想观念中，便是民族一体的观念根深蒂固。《诗经》所谓"普天之下，莫非王土；率土之滨，莫非王臣"，是从疆域和民众角度肯定大一统政治历史格局，其间即包含了夷夏一统的内蕴。汉代大一统政治的巩固，汉民族与少数民族之间的关系得到了前所未有的加强，现实政治中华夷交往与融合的进程加快了。这种紧密的夷夏关系，在当时的思想界得到了反映，汉初思想家贾谊曾对夷夏关系做个很好的比喻，他在上《治安策》中说："凡天子者，天下之首，何也？上也；蛮夷者，天下之足，何也？下也。"[1]贾谊将中国和四夷比喻作人的头和脚，认为他们各自都是作为一个完整的人所不可或缺的一部分。

正是在这样一种历史背景下，司马迁《史记》以中央政权为中心的正史纪传体通史撰述，也就自然而然地通过民族史传等形式，第一次全面记述了包括各少数民族在内的中国多民族的历史，很好地反映了以

---

[1]《汉书》卷四十八，《贾谊传》，中华书局1962年版。

第三章 "二十四史"民族史撰述与中国多民族国家历史的构建

中央政权和汉民族历史为中心、兼包中国境内各少数民族历史于其中的三千年中华民族全史。这种正史多民族历史撰述形式,为《汉书》以后历代正史撰述所继承。《汉书》以后的历代正史撰述,除去极少数几部外,绝大多数都有"四裔传"。有些民族史撰述则是以少数民族帝王传记(如《晋书·载记》等)和少数民族人物传记的形式出现的。即使是纯粹的汉族人物传记,其中也不乏关于民族交往活动与各类民族思想等。一些为少数民族建立的皇朝所立的正史,如《魏书》《周书》《辽史》《金史》《元史》等,还具有皇朝史与民族史二合一的特点。正是这些正史民族史的撰述,它们与正史汉民族史共同构成了对中华民族全史的记述。

第二,重视民族关系史的记述。正史多民族史的构建,往往是以中央政权为中心,四邻民族只有与其发生关系的,才能进入记述范围,其余或略记或弃之不记。道理很简单,首先,历代正史都是皇朝史,皇朝史重视撰述民族史,是出于反映皇朝统治力的需要;其次,历代正史的撰述者基本上都是中央政权下的史家,他们的正史撰述,是服务于中央政权政治的需要;再次,民族历史如果没有跟皇朝政治发生关系,一般也不会引起皇朝史家的重视，甚至会不为所闻。因此，重视民族关系史的记述，确切地讲，即是重视中央政权与四邻各少数民族关系史的记述，也就成为历代正史民族史撰述的重要特点。

从"二十四史"的民族史撰述来看，普遍都以民族关系史为其重点。那些与中央政权关系紧密的边疆民族，往往会成为民族史撰述的中心。如汉朝与中央政权关系最为紧密的少数民族无疑是匈奴，《史记》不但单独作了《匈奴列传》，而且在此列传前设立了《韩长孺列传》和《李将军列传》，在此列传之后又设立了《卫将军骠骑列传》和《平津侯列传》，这一组列传记述的中心都是反映汉匈关系的，可见匈奴民族史在《史记》中的分量。此外，像东北包括朝鲜半岛地区、西域地区、南越地区、东越地区和西南夷地区的少数民族，在汉朝时期都与中央政权发生了程度不同的关系，《史记》也都创设了相关列传加以记述。《史记》的民族史撰述，正是以民族关系史为主线的。这种记述民族史的传统，为《汉书》以后历代正史所继承。反之，如果历史上的边疆民族没有与中央政权发生关系，往往不会进入正史的民族史撰述当中。如关于吐蕃民族，其实是一个非常古老的民族,有着本民族悠久的历史,由于长期以来处在与中央政权隔绝的状态,因此没有进入早期正史的民族史撰述当中。直到唐朝时期,随着吐蕃区域统一政权的建立,并且与唐朝中央政权发生了密切的关系,才被新旧《唐书》开始设置民族史专传。从此以后,随着吐蕃政权与中央政权关系的不断持续,吐蕃——西藏民族史撰述也因此成为此后历代正史民族史撰述的重要内容。

第三,重视中国疆域的记述。历史的发生是有一定空间区域的,中国多民族国家疆域即是历史上中国各民族活动的范围和舞台,各少数民族尤其对于边疆建设贡献更大。"二十四史"关于中国疆域的记述,重视本着夷夏一体的观念。《史记·夏本纪》采纳《尚书·禹贡》的说法,明确大禹时期的中国疆域为九州之地,它们分别是冀州、沇州、青州、徐州、扬州、荆州、豫州、梁州和雍州。却明确指出环绕九州的还有四夷的甸、侯、绥、要、荒五服之地,每服依次相距五百里,五服四夷与九州中国是连为一体的。秦朝是中国历史上真正实现大一统的皇朝,《史记·秦始皇本纪》确切地记载了秦朝的疆域:"地东至海暨朝鲜,西至临洮、羌中，南至北向户，北据河为塞，并阴山至辽东。"这个疆域范围内，居住着华夏族和众多的少数民族。班固《汉书》以"宣汉"为旨趣，重视歌颂汉皇朝的功业，而开疆拓土当然是皇朝最重要的功业之一。《汉书·叙传》认为汉皇朝"洒埽群秽，夷险芟荒，廓帝纮，恢皇纲，基隆于羲、农，规广于黄、唐"。《地理志》具体记述了汉武帝时的疆域与政区："攘却胡、越，开地斥境，南置交阯，北置朔方之州，兼徐、梁、幽、并夏、周之制，改雍曰凉，改梁曰益，凡十三（郡）〔部〕，置刺史。"在这个行政辖区内，当然也是汉族与各民族共处的。此外，如《旧唐书》《宋史》《元史》《明史》等正史的《地理志》，都有关于当时政权疆域的记述，如《旧唐书》记载的唐朝疆域："东至安东府，西至西安府，南至日南郡，北至单于府"；《宋史》记载的宋朝疆域："东南际海，西尽巴楚，北极三关"；《元史》记载的元朝疆域："北逾阴山，西极流沙，东尽辽左，南越海表"；《明史》记载的明朝疆域："东起辽海，西至嘉峪，南至琼崖，北抵云朔。"这些疆域四至，虽然尚未囊括当时中国所谓民族，却已经包含了众多少数民族于其中了。一般来说，未被包含其中的少数民族，往往都是当时或者尚未与内地中央政权交往，或者当时尚处在敌对状态。毫无疑问，历代正史的疆域概念，蕴含了作者多民族国家历史的撰述理念。

三、揭示了中国历史上民族关系的主流

如何看待中国历史上民族关系的主流？学术界存在着两种观点：一部分人认为民族友好是主流，一部分人又认为民族斗争是主流。这两种说法其实都对又都不对，说都对，是因为历史上民族之间有时确实是友好往来、互通有无甚至形成为一体的，而有时却又有矛盾、斗争甚至兵戎相见；说又都不对，是因为这两种说法都失之偏颇，都将问题绝对化了，并不能真实地、全面地反映出历史上民族关系的本来面貌。白寿彝先生说："在民族关系史上，我看友好合作不是主流，互相打仗也不是主流。主流是什么呢？几千年的历史证明：尽管民族之间好一段、歹一段，但总而言之，是许多民族共同创造了我们的历史，各民族共同

努力,不断地把中国历史推向前进。我看这是主流。"[1]这一说法是很有见地的,它没有纠缠于友好还是斗争的具体纷争,而是肯定了各民族对中国历史发展的整体贡献,认为这才是民族关系的主流。

从中国多民族国家历史发展过程来看,历史上的少数民族确实起了不可替代的重要作用。这种作用具体来讲,一是开发与捍卫边疆。在中国历史上,少数民族主要都居住在边疆地区。由于边疆地区自然环境的恶劣,使得居住在那儿的各少数民族长期处于比较落后的状态,种族的发展受到了很大的限制。然而几千年来的历史告诉我们,正是依赖少数民族的长期开发与守卫,才使得我们统一多民族国家的国土或疆域因此而得到了维护,从这个角度而言,边区少数民族是出了很大的力,做出了很大的贡献。对于中国各民族对于祖国历史的开发,范文澜在《中华民族的发展》一文中有过一个中肯的论述:"一般来说,汉族最先开发了黄河流域的陕甘及中原地区,东夷族最先开发了沿海地区,苗族、瑶族最先开发了长江、珠江和

---

[1] 白寿彝:《关于中国民族关系史上的几个问题》,载《民族宗教论集》,河北教育出版社2001年版,第58页。

第三章 "二十四史"民族史撰述与中国多民族国家历史的构建

闽江流域,藏族最先开发了青海、西藏,彝族和西南各族最先开发了西南地区,东胡族最先开发了东北地区,匈奴、鲜卑、柔然、突厥、回纥、蒙古各族先后开发了蒙古地区,回族和西北各族最先开发了西北地区,黎族最先开发了海南岛,高山族最先开发了台湾。"因此,拥有广大国土和众多人口的中国,其实是"构成中华民族的各族男女劳动人民长期共同创造的成果"[1]。

二是创造民族文明。在中国历史上,少数民族也曾作出过不少突出的文化成就,它们都构成中华文明的组成部分。比如冶炼业,完善的铁器的制造和风箱的使用,是开始出现于有关南方楚、吴"荆蛮"民族的记录上的,《荀子·议兵》说:"楚人宛巨铁釶,惨如蜂虿";《吴越春秋·阖闾内传》记吴人干将铸剑也说"鼓橐(指风箱)装炭,金铁乃濡,遂以成剑"。比如农业,棉花的种植和织纺,主要发源地是南方海岛和新疆少数民族居住区;新疆维吾尔人利用地下水建设"坎儿井"来进行农业灌溉,表现出了他们在农业

---

[1] 白寿彝:《中国通史》第一卷,《导论》,上海人民出版社1989年版,第96—97页。

生产上的智慧。比如建筑术，根据陈垣先生《元西域人华化考》的考证，北京城的最初设计者正是一个叫也黑迭儿丁的回回人。比如文学艺术，我国大多数少数民族都能歌善舞，其中的维吾尔族、哈萨克族、蒙古族和朝鲜族等在舞蹈方面最为丰富多彩；少数民族在历史的发展过程中还创造了丰富的口头文学和艺术品，像维吾尔族、蒙古族、回族、满族、藏族、白族、傣族等，他们都有不少的文学、艺术、历史、科技等方面的著作和宗教经典流传于世。

三是支持盛大皇朝。从整个国家和历史的发展来看，凡是盛大的皇朝，都是得到了少数民族的支持。比如大汉皇朝，它不可能把全国的人都变成汉族，因此它的强盛，是与广大的少数民族的支援和拥护分不开的。这种支援和拥护，包括对中央政权的服从，对民族区域的开发，对边疆地区的守护，以及各民族间的友好往来等等。又比如大唐皇朝，更是有许多少数民族的人居朝做官；唐都长安云集了广大的少数民族商人。由此可见，"大的皇朝，没有少数民族的支持，

第三章 "二十四史"民族史撰述与中国多民族国家历史的构建

不跟少数民族搞好关系,是不行的"[1]。

"二十四史"的民族史撰述,普遍揭示了中国历史上华夷共同创造中国历史这样一种民族关系的主流。司马迁《史记》用大量篇幅叙述了华夏——汉民族的历史,却也充分认识到四夷对于中国历史、对于大汉皇朝历史的贡献,肯定其为中国历史的共同创造者。《史记》的《夏本纪》肯定大禹时期就已经开始对四夷实行五服制,从那时起,四夷之于中国就有一种行政隶属关系。自此以后,四夷与中原交往日益频繁,关系不断得到加强。他们多以藩臣的身份参与各个时期的政治事务,并起到拱卫中央大一统政权的作用。在《太史公自序》中,司马迁对《史记》为何要作蛮夷民族史列传作如是说:

> 汉既平中国,而佗能集杨越以保南藩,纳贡职。作《南越列传》第五十三。
>
> 吴之叛逆,瓯人斩濞,葆守封禺为臣。作《东越列传》第五十四。

---

[1] 白寿彝:《关于中国民族关系史上的几个问题》,载《民族宗教论集》,河北教育出版社2001年版,第61页。

> 燕丹散乱辽间,满收其亡民,厥聚海东,以集真藩,葆塞为外臣。作《朝鲜列传》第五十五。
>
> 唐蒙使略通夜郎,而邛笮之君请为内臣受吏。作《西南夷列传》第五十六。

在此,所谓"保南藩""葆守封禺为臣""葆塞为外臣""请为内臣受吏",说明这些边区蛮夷民族实际上是肩负起了为中央大一统政权保守一方之土的重任。在司马迁的眼里,中华民族的历史从来都是由各民族共同创造的,在中国历史大舞台上登台亮相的,从来就不只是一个华夏民族。

《汉书》以后历代正史的民族史撰述,继承了《史记》夷夏共创中国历史的思想。反映在民族史撰述上,具体有如下表现:其一,通过设立民族史传来记述民族历史,在史书编纂上肯定了四夷民族对中国统一多民族国家的贡献。"二十四史"基本上都有民族史专传的设立,这意味着二十四史的作者是视四夷为中国统一多民族国家的成员的;"二十四史"民族史传详细记录了各民族的历史,从中可以清晰地看到各少数民族在中国历代政权统治下的具体历史活动,这意味着

第三章 "二十四史"民族史撰述与中国多民族国家历史的构建

"二十四史"的作者是视他们为中国历史的共同创造者的。其二，重视民族关系史的记述，肯定民族关系的发展愈来愈密切。"二十四史"的民族史撰述，对于历史上中央政权与四邻各少数民族间的交往着墨较多。从这些记载来看，历史上的民族交往有战争，也有友好往来。友好往来当然有利于加强各民族间的联系，密切各民族间的关系；而民族战争虽然残酷，却也是加强民族关系的一种手段。而从民族关系的发展趋势来看，总体趋向是相互依存、相互融合，愈益密切，"几千年的民族历史的发展愈来愈密切，这是历史上的主流"[1]。其三，重视民族融合的记述，体现各民族间的血缘与文化的相互汲取。中国历史上每一个民族都不是孤立发展的，而是相互汲取、相互融合的结果。这种民族的融合与汲取，一是指民族种群融合。在中国历史上，"每一个民族形成和发展的过程，也是一个不断组合、分化和融合的过程，总是不断地接受兄弟民族的成员，也不断地有自己的成员参加到兄弟

---

[1] 白寿彝：《关于史学工作在教育上的作用和史学遗产的整理》，载《白寿彝史学论集》上册，北京师范大学出版社1994年版，第232页。

民族里去"[1]。以作为中国主体民族的汉民族为例,从"二十四史"的民族史撰述可知,它就是经过有关民族的融合而在秦汉时期形成的;经过魏晋南北朝数百年的民族融合后,到了隋唐时期,进入中原的匈奴、鲜卑、氐、羯、羌等少数民族被汉化,汉族因此而充实了自己;又经过五代十国宋辽金元时期的民族融合,到元朝时期,进入中原的契丹、女真等少数民族也被汉化,成为汉民族的一员。由此来看,汉民族的发展不是孤立进行的,而是通过不断吸收兄弟民族来完成的。二是指民族文化互补。在中国历史上,各民族虽然有大小强弱之分,但是他们都创造出了各具特色的民族文化;而他们在创造民族文化的同时,也相互吸取着各种不同的民族文化,从而共同构成了别具特色的中华民族的辉煌的历史文化。正是这种种族的融合与文化的互补,使得中华民族大家庭里的各民族已成浑然一体。既然中华民族的发展是各民族相互汲取、相互融合的结果,那么中华民族历史的创造主体当然也是中国境内以汉族为主体的各民族成员。

---

[1] 白寿彝:《中国通史纲要》,上海人民出版社1980年版,第13页。

第四章 "二十四史"民族史撰述与少数民族政权的历史文化认同意识

中国古代少数民族政权的历史文化认同，是指对中国历史上以汉族及其前身华夏族为主所创造的悠久而发达的历史文化（其中也包含了各少数民族创造的历史文化因素）的认同。历史上少数民族政权对于中国历史文化的认同意识，是中国统一多民族国家得以巩固和发展的根本保证，也是今天中华民族民族大家庭形成的先决条件。以往的研究泛谈历史文化认同的较多，而专门探讨少数民族政权历史文化认同的则较少，本章以"二十四史"的民族史撰述为考察中心，试图从血缘、治统、道统和制度等角度，对古代少数民族政权的历史文化认同作出论述。

一、血缘认同意识

所谓血缘认同,即是指古代少数民族政权自觉以华夏祖先炎黄后裔自居,从血缘上肯定其与汉民族的亲缘关系。少数民族政权之所以重视血缘认同,一方面是认可汉民族及其前身华夏民族的先进性,一方面也是要为其民族政权的合法性提供历史依据。"二十四史"的民族史撰述,对于中国古代少数民族政权的血缘认同意识作了具体反映。

最早记述少数民族与汉族有亲缘关系的是汉族史家司马迁,《史记》第一次从血缘角度提出了中国各民族同源共祖的思想。首先,《史记》提出中华民族起源的一元说,即认为中原之外的四夷民族皆出自于中原华夏民族。《史记·五帝本纪》说:"于是舜归而言于帝(尧),请流共工于幽陵,以变北狄;放驩兜于崇山,以变南蛮;迁三苗于三危,以变西戎;殛鲧于羽山,以变东夷。"这就明确告诉人们,所谓的北狄、南蛮、西戎和东夷,其实是华夏领袖将有罪之臣贬到四

第四章 "二十四史"民族史撰述与少数民族政权的历史文化认同意识

方,由此产生了四夷民族的。其次,《史记》提出了各少数民族同祖黄帝的血统论。《史记》不但提出了五帝、三王皆为黄帝之后,而且详细列举了四夷民族与黄帝之间的血缘关系。在《史记》的民族史撰述中,我们追溯这些少数民族,最终都可以上溯到黄帝,即都是黄帝的后代。司马迁之后,历代正史的撰述,沿袭了这样一种民族同源共祖的思想。

中国古代少数民族政权集中建立的时代主要是魏晋南北朝和宋元时期(清朝历史不在"二十四史"记述范围之内)。魏晋南北朝时期,随着西晋的灭亡,在当时的北中国出现了匈奴、鲜卑、氐、羯、羌等民族建立的众多政权,历史上称作"五胡十六国";南北朝时期的北方,出现了鲜卑拓跋氏建立的北魏政权,鲜卑化汉人高欢、高阳建立的东魏、北齐,以及鲜卑宇文氏所建立的西魏、北周政权。到了宋元时期,契丹族建立的辽政权、党项人建立的西夏政权以及女真族建立的金政权分别与北宋、南宋相对峙;之后则是蒙古族建立的大一统的元朝。从"二十四史"的民族史撰述可知,这两个时期少数民族政权受到《史记》以及历代正史民族史撰述所宣扬的民族同源共祖思想的影响，普遍重视血缘认同，自觉以炎黄后裔自居，从而在血统上来维护自己政权的正统地位与合法性。

其中关于魏晋南北朝时期少数民族政权的血缘认同，是少数民族政权下主修的《魏书》，还是唐朝汉族政权主修的《晋书》《周书》等，对于这一时期匈奴、鲜卑、氐、羯、羌等少数民族政权的血缘认同都作了详细反映。同样，记述辽金少数民族政权历史的《辽史》和《金史》，号称为元朝少数民族政权官方所修，也重视记述辽、金少数民族政权的血缘认同。由于第三章已经对这两个时期少数民族政权的血缘认同意识作了详细反映，此不赘言。

二、治统认同意识

所谓治统认同，即是指少数民族政权对中国历史上历代政权连续性的认同，反映的是一种政治的继承性。中国古代的政治统绪，开始于儒家经书和史家著作所认定的炎黄时期，经过五帝三王古圣王时期，延至秦汉魏晋南北朝隋唐宋元明清各朝各代，构成一个政治统绪的大系。"二十四史"的民族史撰述，反映了

第四章 "二十四史"民族史撰述与少数民族政权的历史文化认同意识

少数民族政权对于这一政治统绪的认同,因而也是对于中国历史政治传承的认可。

虽然先秦儒家典籍已经对尧、舜、禹、三王之华夏政治统绪做了宣扬,而真正从史学上建立起中国历史上的政治统绪者当属司马迁。《史记》的"十二本纪"分别记述了五帝、夏、商、周、秦国、秦朝、项羽、刘邦、吕后、汉文帝、汉景帝和汉武帝时期的历史,由此构建起了华夏民族的政治统绪。司马迁为何设立这十二本纪,《太史公自序》作如是说:"罔罗天下放失旧闻,王迹所兴,原始察终,见盛观衰,论考之行事,略推三代,录秦汉,上记轩辕,下至于兹,著十二本纪,既科条之矣。"也就是说,这十二本纪所记历史,代表了他之前"王迹所兴"和历史盛衰的整个中国历史发展过程,也就是政治统绪的接续过程。自从《史记》问世之后,它所构建的历史王朝政治统绪之基本框架得到了后来史家的认可。从"二十四史"的民族史撰述来看,这种主要由汉族政权构成的历代政治统绪也得到了少数民族政权的认同。

魏晋南北朝时期,十六国政权普遍认可《史记》编排的这一政治统绪。据《晋书·刘元海载记》记载,匈奴人刘渊建立的"汉"政权，就是以刘汉后裔自居而承继刘汉统绪的。刘渊的祖父於扶罗为南匈奴单于，父亲刘豹为南匈奴左贤王。之所以改姓刘，源于汉匈和亲结为兄弟，故而冒姓。不可否定，刘渊以"汉"为政权名号，有假借刘汉皇族后裔"以怀人望"的目的，却也表明了其对汉族皇朝政治统绪的认可。在刘渊即位所下的诏书中，即是明确以刘邦为其祖宗的，其曰："昔我太祖高皇帝以神武应期，廓开大业。太宗孝文皇帝重以明德，升平汉道。世宗孝武皇帝拓土攘夷，地过唐日。中宗孝宣皇帝搜扬俊义，多士盈朝。是我祖宗道迈三王，功高五帝，故卜年倍于夏商，卜世过于姬氏。"文辞充满了对刘汉祖宗的颂扬与景仰。同时，诏书中还表达了自己起兵建汉是为了"绍修三祖之业"，并决定"追尊刘禅为孝怀皇帝，立汉高祖以下三祖五宗神祖而祭之"。由上可见，刘渊建汉，完全是把自己当作刘汉后裔而远绍祖业自居的。

据《晋书·石勒载记》记载，后赵建立者羯人石勒，虽为田奴出身，却颇有政治头脑。后赵实力的崛起，与其钦慕汉文化、采用汉人制度、重用汉族士大夫张宾等人分不开。与匈奴人刘渊一样，羯人石勒也认可

第四章 "二十四史"民族史撰述与少数民族政权的历史文化认同意识

刘汉之前的中国政治统绪。大兴二年（319年）称赵王时，便依照春秋列国、汉初侯王每世称元制度，改称即位之年为赵王元年。石勒不但把后赵政权作为刘汉之前政治统绪的当然接续者，而且也常将自己与过去的汉族君王作对比，表达了对于这些汉政权及其统治者的认可。他曾经问臣下徐光自己与自古以来开基皇帝相比如何？徐光为了讨好他，就说："陛下神武筹略迈于高皇，雄艺卓荦超绝魏祖，自三王以来无可比也，其轩辕之亚乎！"对于徐光的奉承之语，石勒却有清醒的认识，他笑答道："人岂不自知，卿言亦以太过。朕若逢高皇，当北面而事之，与韩彭竞鞭而争先耳。脱遇光武，当并驱于中原，未知鹿死谁手。大丈夫礌礌落落，如日月皎然，终不能如曹孟德、司马仲达父子，欺他孤儿寡妇，狐媚以取天下也。朕当在二刘之间耳，轩辕岂所拟乎！"我们且不说石勒这个自评是否准确，却是道出了他对黄帝、刘汉政治统绪的认可。

魏收《魏书》记述的是鲜卑拓跋氏建立的北魏政权的历史，北魏作为少数民族建立的政权，其对中国历史统绪的认可，首先表现在对过往中原历代政权正统地位的认同。《序纪》指出，从入仕唐尧时期的始均开始，此后的拓跋氏"爰历三代，以及秦汉……不交南夏，是以载籍无闻焉"。自拓拔力微开始，拓跋氏逐渐强大，并且"与晋和好"。这一方面指出三代秦汉以来拓跋氏不与中原政权交往，处于相对隔绝的状态，自魏晋时期才开始了与中原政权的友好往来；另一方面也表明《魏书》认可的"南夏"的主体政权即是三代、秦、汉、魏、晋，由此表达了对这一政治统绪的认同。在《太祖纪》中，北魏建立者拓跋珪曾经下诏，力辩刘邦之所以能建汉，是因为"刘承尧统""有蛇龙之征"，这就从神意角度肯定了刘汉政权的合法性和正统性。孝文帝拓跋宏曾下诏"祀唐尧于平阳，虞舜于广宁，夏禹于安邑，周文于洛阳"[1]。这是对唐尧、虞舜、夏禹、周文王一脉相承的五帝三王政治统绪的认可。

北魏对中国历史的认可，其次表现在采用五德终始说确定北魏德属。德属问题是政治统绪认同的表现形式之一。关于北魏德属，太祖拓跋珪建魏时，尚书崔玄伯等奏从土德。[2]因此，北魏最初拟定的是土德。到了孝文帝拓跋宏时，北魏的德属却改为水德。关于

---

[1]《魏书》卷七下，《高祖纪》，中华书局1974年版。
[2]《魏书》卷二，《太祖纪》，中华书局1974年版。

第四章 "二十四史"民族史撰述与少数民族政权的历史文化认同意识

这次德属的改变,是经过一场讨论之后才确定的,《魏书·礼志一》对此作了详细记述。那是太和十四年八月,孝文帝让臣下商议北魏德属问题,说是要"议其所应,必令合衷,以成万代之式。"在讨论过程中,中书监高闾认为"魏承汉,火生土,故魏为土德。晋承魏,土生金,故晋为金德。赵承晋,金生水,故赵为水德。燕承赵,水生木,故燕为木德。秦承燕,木生火,故秦为火德。……以魏承秦,魏为火德"。然而秘书丞李彪、著作郎崔光则以"神元、晋武,往来和好"为由,主张援引汉承周之木德为火德故事,以北魏远承晋之金德而为水德,从而否定了赵、燕、秦之十六国政权的德属地位。李、崔的主张得到朝中绝大多数大臣的支持,于是孝文帝虽然觉得"越近承远,情所未安",还是以"朝贤所议,岂朕能所违夺"而加以采纳了,由此确定了北魏的水德。北魏最初确定为土德,主要还是以土德黄帝之后的缘故,孝文帝时期改为水德,等于是肯定了刘汉、曹魏、西晋、北魏的一脉相承,亦即承认了这些皇朝的正统地位与政治统绪。

据《辽史》所记,契丹人自称为炎帝之后。《辽史·世表》记载:"考之宇文周之《书》,辽本炎帝之后,而耶律俨称辽为轩辕后。"这里耶律俨所称，出自耶律俨主修《皇朝实录》，其说当来自《周书》。契丹人自称为炎帝后，显然是对华夏统绪的认同。辽朝对于自己政权的统绪，认为是接续后晋政权。据《辽史·仪卫志三》记载："会同九年，太宗伐晋，末帝表上传国宝一、金印三，天子符瑞于是归辽。"辽朝得到后晋的传国之玺，当然也就意味着自己是正统所在。自秦汉以降，秦之传国玺历来都被视为正统皇朝的象征，"天下之人，遂以为帝王之统不在于道而在于玺，以玺之得失为天命之绝续……而五季更相争夺，以得者为正统"[1]。按照五德终始说，后晋政权为金德，接晋而建的辽当为水德。关于五代时期皇朝德运，一般认为唐为土德；朱梁篡代，不可以为正统，列入闰位；后唐"中兴唐祚，重兴土运"；石晋为金德，刘汉为水德，郭周为木德，赵宋为火德。[2] 辽的水德说不见于《辽史》记载，金章宗泰和间讨论德运问题时，秘书郎吕贞干等人曾有"辽以水为德"之说[3]。冯家昇认为"金章宗去

---

[1] 郝经：《传国玺论》，载《陵川集》卷十九，文渊阁《四库全书》本。
[2] 参见《宋会要辑稿》运历一之一、《册府元龟》卷四帝王部运历门等。
[3] 佚名：《大金德运图说》，文渊阁《四库全书》本。

第四章 "二十四史"民族史撰述与少数民族政权的历史文化认同意识

辽未远,吕贞干所云'辽以水为德',必甚可靠"[1]。辽朝水德说有两重含义,其一是确定自己接续后晋的正统地位;其二是以此与赵宋政权争正统,使赵宋火德失去统绪依据。

金朝为女真人建立的政权,长期与两宋对峙并立。金政权关于政治统绪的认同,主要表现在德运问题的争论。关于金的德运,最初因国号而以金为德,《大金集礼》卷三五"长白山封册礼"记曰:"阙惟长白,载我金德。"金章宗以后改为土德说。对于金朝德运,《金史》未予记录。不过金章宗时期发生的德运争论,在金人编纂的《大金德运图说》中有详细记载。此事发生在章宗泰和二年(1202年),当时主要是三派意见:一派坚持传统的金德说,一派主张承宋火德的土德说,一派主张承辽水德的木德说。争论持续十年之久,最终章宗选择了土德,认为金灭北宋,赵宋的火德已绝,因此本朝应当承继宋统为土德。后来金宣宗时期又有重议德运之事发生,结果却不了了之,金朝依然还是以土为德。金朝确定土德,意味着对唐五代北宋政治

---

[1] 冯家昇:《契丹名号考释》,载《冯家昇论著辑粹》,中华书局1987年版,第25页。

统绪的认可，同时也表达了与南宋争正统的意味。

蒙古人建立的元朝，是中国历史上少数民族建立的首个大一统皇朝。大一统的疆域，扩大了蒙古人的历史视野。在对于皇朝统绪的认识上，也表现出了大一统时代民族政权特有的胸怀，前述宋辽金三史各为正统的做法，便是这种胸怀的具体体现。从元世祖开始，元朝统治者就开始商议编纂宋辽金历史，只是在涉及正朔义例之争上难以决断，才一再被搁置。这种争论的焦点，主要是独尊宋为正统，还是应当将宋与辽金视为南北朝？有学者就认为，"辽自唐末保有北方，又非篡夺，复承晋统，加之世数、名位远兼五季，与前宋相次，而终当为《北史》。宋太祖受周禅，平江南，收西蜀，白沟迤南，悉臣于宋，传至靖康，当为《宋史》。金太祖破辽克宋，帝有中原百余年，当为《北史》。自建炎之后，中国非宋所有，宜为《南宋史》"[1]。大约到元文宗时期，虞集进一步提议："间与同列议三史之不得成，盖互以分合论正统，莫克有定。今当三家各为书，各尽其言而覈实之，使其事不废可也，乃

---

[1] 修端：《辨辽宋金正统》，载苏天爵编《元文史》卷四十五，文渊阁《四库全书》本。

若议论则以俟来者。诸公颇以为然。"[1]至正三年(1343年),总纂官脱脱最终采纳这一建议,确定宋辽金"三国各与正统,各系其年号"的决定,《宋史》《辽史》《金史》由此修成。三史各为正统不但是对宋辽金三朝正统地位的认可,而且蕴含了元朝要以宋、辽、金的统绪继承者自居,通过编纂三朝历史"以见祖宗圣德得天下辽、金、宋之由"[2],从而表明自己是一个大一统的正统皇朝。

三、道统认同意识

　　道统是指儒家思想文化的传统,道统认同则是指对儒学与孔子的推崇,以及对于儒家修身齐家治国平天下精神的继承与弘扬。少数民族政权对于道统的认同,即是对于中国儒家思想文化的认可与传承。这种认同的具体表现,则是对上自孔孟、下迄程朱的儒学传承的认同,以及对于儒学教育、儒家经典的热衷。
　　魏晋南北朝时期,十六国少数民族政权的统治者

---

[1] 《道园学古录》卷三十二,《送墨庄刘叔熙远游序》,《四部丛刊》本。
[2] 苏天爵:《元朝名臣事略》卷十二,中华书局1996年版。

都普遍热心儒学。据《晋书·刘元海载记》载,前赵政权的建立者、匈奴人刘渊幼年时期就好汉文化,曾师从上党人崔游,"习《毛诗》《京氏易》《马氏尚书》,尤好《春秋左氏传》《孙武兵法》,略皆诵之,《史》《汉》诸子,无不综览"。刘渊认为,"道由人弘,一物之不知者,固君子之所耻也"。正是因为有这样的明知万物的强烈求知欲望,使得刘渊后来成为一个饱读诗书、满腹韬略的汉文化修养极高的少数民族人士,以至于晋武帝将其与历史上的少数民族杰出人物由余、金日磾等人相提并论。刘渊后来之所以能建汉,与他的汉文化修养与素质是分不开的。后赵建立者、羯人石勒虽然出身卑微,却平生好经史之学。征战时期,经常让儒生给他读史书,总能发表关于历代帝王善恶高见。当儒生给他读《汉书》,他听说郦食其劝刘邦立六国之后,便惊呼"此法当失,何得遂成天下!"听到张良劝谏,就高兴地说:"赖有此耳。"他对学校经学教育非常重视,尝"亲临大小学,考诸学生经义,尤高者赏帛有差"[1]。

---

[1] 均见《晋书》卷一○五,《石勒载记下》,中华书局1974年版。

第四章 "二十四史"民族史撰述与少数民族政权的历史文化认同意识

北朝少数民族政权统治者以北魏孝文帝为代表，他不但是一位以汉化改革著称的鲜卑民族出身的皇帝，而且自觉捍卫华夏道统。孝文帝的儒学素养很好，据《北史·魏本纪第三》记载，他"雅好读书，手不释卷。《五经》之义，览之便讲"。是位汉化程度很高的少数民族领袖。也正因此，他对儒家道统极为认同。太和十六年（492年）丁酉，孝文帝下诏："祀唐尧于平阳，舜禹于广宁，夏禹于安邑，周文于洛阳。"孝文帝所祭祀的这些人，都是孔子之前排列于治统和道统之中的古圣王。孝文帝认同道统，尤其体现在重视儒学、推崇孔子上。太和十六年丁未，孝文帝曾"改谥宣尼曰文圣尼父，告谥孔庙"。太和十九年（495年）庚申，孝文帝"行幸鲁城，亲祠孔子庙"。次年辛酉，"诏拜孔氏四人、颜氏二人为官"，"又诏选诸孔宗子一人，封崇圣侯，邑一百户，以奉孔子之祀。又诏兖州为孔子起园柏，修饰坟垄，更建碑铭，褒扬圣德"[1]。终孝文帝一朝的统治，官学一直非常重视儒家经学教育。

辽西夏金元时期，这些出身于契丹、党项、女真

---

[1] 均见《魏书》卷七下，《高祖纪》，中华书局1974年版。

和蒙古民族的统治者也都普遍重视对于儒家道统的认可和尊重。

辽太祖耶律阿保机建国后,曾经询问侍臣说:"受命之君,当事天敬神。有大功德者,朕欲祀之,何先?"众臣皆说祀佛。太祖明确指出:"佛非中国教。"太子耶律倍说:"孔子大圣,万世所尊,宜先。"太祖非常高兴,于是修建孔子庙,诏皇太子春秋释典。[1]很显然,在辽太祖和太子耶律倍的心目中,只有孔子才是中华文化的宗师,儒学才是中华文化的正传。终辽一朝,历代君王普遍都对孔子与儒学非常推崇,如辽圣宗修缮孔子庙;辽兴宗"好儒学";辽道宗建孔子庙、颁赐五经诸家传疏,亲自听讲《论语》,祭祀先圣先师孔子,召集翰林学士等讲《五经》大义,等等。在辽朝诸帝的垂范之下,辽朝儒学由此得以兴盛。

党项族李元昊建立的西夏政权,元朝没有专立正史,其事散见于宋、辽、金三史中。据《西夏书事》记载,西夏大庆二年(1037年),西夏政权的建立者李元昊"思以胡礼蕃书抗衡中国,特建蕃学,以野利仁荣主之。

---

[1]《辽史》卷七十二,《义宗倍传》,中华书局1974年版。

第四章 "二十四史"民族史撰述与少数民族政权的历史文化认同意识

译《孝经》《尔雅》《四字杂言》为蕃语，写以蕃书"[1]。元昊所谓蕃学，其实授课的启蒙课本都是儒家经典。宋太宗时，西夏毅宗李谅祚曾经上书求《九经》《唐史》《册府元龟》等，宋太宗诏赐《九经》。[2]西夏崇宗乾顺时期，于蕃学之外开设国学以教授儒学。所谓国学，即是以传授汉学为主的最高学府，这些汉学当中，儒家经典占据重要地位。西夏仁宗天盛六年（1154年），曾遣使到金国购买儒学经典。[3]今内蒙古黑土城出土的西夏文献，有大量的儒家诸子典籍如《孝经》《列子》《左传》《周书》《毛诗》等的译文，由此可见西夏政权对于儒学重视之一斑。

金朝自金熙宗完颜合剌时，开始确立孔教为国教。金熙宗曾亲自到孔庙祭祀孔子，称赞孔子"其道可尊，使万世景仰"，常读《尚书》《论语》等经书，有时竟夜以继日。[4]金世宗时儒学大兴，诏立译经所，用女真文字翻译《周易》《尚书》《论语》《孟子》等儒家各

---

[1] 吴广成：《西夏书事》卷十三，清道光刻本。
[2] 《宋史》卷四八五，《夏国传》，中华书局1985年版。
[3] 《金史》卷六十《交聘表》，中华书局1975年版。
[4] 《金史》卷四《熙宗本纪》，中华书局1975年版。

种经典及其他汉籍。金世宗对臣僚说:"朕所以令译《五经》,正欲女直人知仁义道德所在耳",并诏令颁行《五经》。[1]金章宗是金朝诸帝中汉化程度最高的皇帝,也是最崇尚儒学的一个皇帝。据宋人宇文懋昭《大金国志》卷二十一之《纪年·章宗皇帝下》载:"章宗性好儒术,即位数年后,兴建太学,儒风盛行。学士院选五六人充院官,谈经论道,吟哦自适。"[2]《金史·章宗本纪》对其兴儒学、弘道统之事也多有记载,说他自幼阅读汉字和儒家经书,即位后诏从律科举人"通治《论语》《孟子》"等儒经,又诏修曲阜孔子庙学[3]。曾亲自释典孔子庙,对各地孔子庙失修情况感到担忧,认为"僧徒修饰宇像甚严,道流次之,惟儒者于孔子庙最为灭裂"[4],并"诏亲军三十五以下令习《孝经》《论语》""谕有司,进士名有犯孔子讳者避之",这是中国历史上避孔子讳之始。正是金章宗认同华夏道统,

---

[1]《金史》卷八《世宗本纪下》,中华书局1975年版。
[2] 宇文懋昭:《大金国志》,崔文印校注本,中华书局1986年版。
[3]《金史》卷九,《章宗本纪一》,中华书局1975年版。
[4]《金史》卷十,《章宗本纪二》,中华书局1975年版。

第四章 "二十四史"民族史撰述与少数民族政权的历史文化认同意识

崇儒兴文,才使得其"典章文物粲然成一代治规"[1]。金政权非常重视学校儒学教育,历朝设置各级各类学校,如海陵王时设国子监,世宗时置国子太学、女真国子学;地方设女真府学、汉儿府学等,在这些学校中普遍进行儒家经典教授。金朝地方州郡普遍重视修缮庙学,学校与孔庙相结合,成为金朝儒学教育制度的一个特点。金朝的科举考试,儒家经典是其中重要内容,不仅经义进士考试儒经,各科考试也都有涉及经学的内容。

元朝承袭了历代少数民族政权重视儒学、认同道统的传统。元朝认同华夏道统的主要表现,首先是加封孔子以表彰儒学。元武宗之后,儒学开始兴盛。元大德十二年(1308年),武宗即位尚未改元,便玺书加封孔子为"大成至圣文宣王"(见次年所立"加封孔子圣旨致祭碑")。宋真宗大中祥符五年(1012年)曾加封孔子"至圣文宣王"尊号,元武宗之所以在此尊号之前添加"大成"两字,据当时翰林学士阎复所撰《静轩集》卷四《加号大成诏书碑阴记》载,是因为孟

---

[1] 均见《金史》卷十二,《章宗本纪四》,中华书局1975年版。

子曾经宣称"孔子之谓集大成,集大成也者,金声而玉振之也"。从此"大成至圣文宣王"逐渐成为孔子封号中最被世人熟知者。元仁宗时,随着理学的兴盛,又以理学"北宋六先生"周敦颐、程颢、程颐、张载、邵雍、司马光和南宋"东南三先生"朱熹、张栻、吕祖谦,以及元朝许衡等著名理学家从祀孔庙。其次是大力提倡南宋理宗时期被确定为官方统治思想的程朱理学。元朝建立后,程朱理学得到了广泛传播,逐渐取得正宗地位和官方统治思想。受元代统治者和元代理学家重视的《四书》《五经》《小学》《孝经》以及理学集大成者朱熹等人的注疏,成了国子学和各级各类儒学、书院的必读教材。元仁宗时开始经义取士,凡涉及经义,皆用朱熹章句集注,以程朱理学为标准。在元朝普遍重视理学的背景下,产生了一大批学有所成的大理学家,主要有以何基、王柏、金履祥、许谦师徒四人为代表的金华学派,以赵复、刘因、许衡为代表的北方理学,以及以吴澄为代表的江右理学等。

当然,元朝认同华夏道统最为突出的表现,还是元人修纂《宋史》首开《道学传》,以此凸显程朱理学的传道地位。《宋史·道学传》的基本内容:一是重申

第四章 "二十四史"民族史撰述与少数民族政权的历史文化认同意识

了朱熹《四书章句集注》里提出的传道统绪。认为文王、周公死后，孔子有德无位，删述"六经"，使圣人之道"昭明于无穷"，故而"贤于尧、舜远矣"；孔子死后，曾子、子思、孟子"得其传"；孟子死后，道统中绝，圣学不传。宋朝周敦颐出，"乃得圣贤不传之学"；张载作《西铭》，"极言理一分殊之旨"；二程（颢、颐）受业周氏，"扩大其所闻"，表彰《大学》《中庸》《论语》《孟子》"四书"，帝王圣学得以融会贯通；朱熹得二程正传，圣学"至是皆焕然而大明，秩然而各得其所"。在《宋史》作者看来，这便是"宋儒之学所以度越诸子，而上接孟氏者"的原因所在。二是按照这样一种传道统绪做《道学传》。该传叙述的宋代道学人物，主要有北宋"五子"周敦颐、程颢、程颐、张载、邵雍（邵雍位列其中的原因是"高明英悟"，二程推重之），二程门人刘绚、李吁、谢良佐、游酢、张绎、苏昞、尹焞、杨时、罗从彦、李侗，朱熹和张栻（张栻位列其中的原因是"亦出程氏"，与朱熹"相博约又大进焉"），朱熹门人黄榦、李燔、张洽、陈淳、李方子、黄灏。上列23位道学者，以程朱及其门人为主。很显然，在《宋史》作者看来，程朱理学家们才是上接孟子的传道之人。

《宋史》首开《道学传》的意义，其一是将宋代"道学"与"儒林"分立，排列出了"道学传"与"儒林传"两条谱系，从而肯定了道学——程朱理学的传道地位。在《道学传》之前，朱熹曾经著有《伊洛渊源录》一书，最早发端了以二程理学上承周孔道统的先河，为《宋史·道学传》的开设奠定了基础。其二是对朱熹《四书章句集注》提出的道统学说给予了肯定。如果说孔子述"六经"是对古圣王之学的集大成，那么朱熹作《四书章句集注》则不但是对孔子"六经"的融合与消化，而且也是对晋唐以来三教的融合与消化，并由此使"四书"成为与"五经"并行不悖的经学两大系统。从这个意义上说，程朱理学上承孔孟儒学，也就成为理所当然的了。《宋史·道学传》的意义，就在于第一次以正史的形式，认可了朱熹的道统说，认可了程朱理学的传道地位。而《宋史》作为元朝少数民族政权修纂的正史，同时也意味着少数民族对于华夏道统的认同。

四、制度认同意识

　　少数民族政权对于汉民族先进制度的认同，主要

第四章 "二十四史"民族史撰述与少数民族政权的历史文化认同意识

是表现为对这一先进制度的积极汲取和主动汉化。这种汉化过程，往往是以改革的形式出现和推动的。而之所以有这种汉化改革，一方面是先期民族融合的促进，一方面则是一些进步的少数民族统治者对于汉民族先进制度的认同，从而有意识地改变自己本民族相对落后的制度，以此达到巩固民族政权的目的。

魏晋南北朝时期，十六国政权总体来说都非常重视汲取汉族先进文明制度，其中后赵、前秦堪为代表。据《晋书·石勒载记》记载，后赵政权建立过程中，石勒重视借鉴中原制度，采取了一系列举措。首先在汉化措施上，大力提倡儒学和佛教，效仿汉族制度实行选举制，制定各项律令。其次在经济措施上，建兴二年（314年）攻下幽州时，即令州郡查实户口，颁行租调制度，使户出帛2匹、谷2斛；注意劝课农桑，发展经济生产。[1]319年后赵政权建立后，石勒仿效汉人制度，在朝制礼仪上依照春秋列国、汉初诸侯王每世称元的做法，改称赵王元年；开始建社稷，立宗庙，营建东、西两宫。随后又颁行了一系列政治、法律、

---

[1]《晋书》卷一〇四，《石勒载记上》，中华书局1974年版。

文教、礼仪等制度，使得后赵成为一个实行汉族制度的少数民族政权。[1] 后赵的建立与政权巩固，是与石勒仿效汉族建立的这一系列制度分不开的。

前秦苻坚是位汉化程度很高的氐族贵族。据《晋书·苻坚载记》记载，他重用汉族寒门出身的王猛，"朝政莫不由之"。王猛是个崇尚法治的政治家，在苻坚的支持下，他为这个氐族政权推行了一系列汉化改革措施：一是发展农业措施。入主中原的氐族政权，重视仿效汉族制度来发展农业生产，在种植方法上实行中原的区种之法，重视兴修水利。二是重用人才。苻坚颁令："其有学为通儒、才堪干事、清修廉直、孝悌力田者，皆旌表之。"三是重视教育。苻坚广修学官，让公卿以下子孙并遣受业，自己则每月一临太学，督导太学生学习。四是重视商业与交通。据《苻坚载记上》记载，当时自长安至诸州，"皆夹路树槐柳，二十里一亭，四十里一驿，旅行者取给于途，工商贸贩于道"，一派清晏祥和、丰乐富庶的景象。在苻坚、王猛力行制度改革之下，强盛时期的前秦政权，可谓是"人思

---

[1]《晋书》卷一〇五，《石勒载记下》，中华书局1974年版。

第四章 "二十四史"民族史撰述与少数民族政权的历史文化认同意识

劝励,号称多士,盗贼止息,请托路绝,田畴修辟,帑藏充盈,典章法物靡不悉备"[1]。通过这些制度改革,前秦的国力得到迅速增强,并且一度使长期处于分裂状态的北方实现了统一。

北朝民族政权的制度认同,最具代表性的当属北魏政权。早在拓跋珪时期,就曾经下令:"离散诸部,分土定居,不听迁徙,其君长大人皆同编户。"[2]这项法令对于拓跋氏农业封建化有着重要推动作用,也有助于定居之后的拓跋氏与各民族间的融合。分土定居之后,北魏政权因此得以计口授田,"劝课农桑,量较收入,以为殿最"[3]。拓跋珪还让清河大族崔宏协助制官爵、撰朝仪、协音律、定法令、申科禁,以魏晋九品中正制作为选举制度,全面采用汉族封建制度。

促使北魏政权最终完成封建化的,当属太和改制。太和改制分前后两期,自太和元年(477年)至十四年为第一阶段,由冯太后主持改制。据《魏书·高祖纪上》记载,太和八年(484年),下诏"置官班禄",规定官

---

[1] 《晋书》卷一一三,《苻坚载记上》,中华书局1974年版。
[2] 《北史》卷八十,《贺讷传》,中华书局1974年版。
[3] 《魏书》卷一一〇,《食货志》,中华书局1974年版。

员按品受俸，这是北魏政权官员实行俸禄制度的开始。太和九年（485年），下诏实行均田制，诏令"均给天下之田，还受以生死为断，劝课农桑，兴富民之本"[1]。太和十年（486年），实行三长制和租调制，废除宗主督护制，建立起听命于朝廷的新的基层行政系统，规定一夫一妇的封建义务。[2] 这些制度改革，其中的三长制和租调制是中原存在已久的制度，北魏政权作了继承；均田制可以溯源到中原先秦时期的井田制、两晋以来的占田制与课田制等，北魏政权作了发展。这种新型封建生产关系的建立，有助于社会经济的发展和社会矛盾的缓和。太和十四年（490年）孝文帝亲政，太和改制进入第二阶段。孝文帝于太和十八年（494年）做出迁都洛阳的决定，随后推行了一系列改革措施。与冯太后时期改革主要在于建制不同，孝文帝时期改革的重点在于汉化，包括改官制，将中央与地方官职完全依照魏晋南朝制度；禁胡服，服装一依汉制；断北语，诏令"不得以北俗之语，言于朝廷。违者，免

---

[1] 《魏书》卷七上，《高祖纪》，中华书局1974年版。
[2] 关于北魏均田制、三长制和租调制的具体内容，详见《魏书》卷一一〇《食货志》。

第四章 "二十四史"民族史撰述与少数民族政权的历史文化认同意识

所居官"[1];改姓氏,规定皇族拓跋改姓元,其他鲜卑各旧姓也一律改为汉姓;定族姓,规定鲜卑穆、陆、贺、刘、楼、于、嵇、尉八大姓和汉族崔、卢、郑、王、李五大姓为第一等士族、第一流高门,倡导鲜、汉贵族通婚。[2] 孝文帝的汉化改革,全面清除了鲜卑各种陋俗,从制度到语言服饰习俗都实现了鲜卑民族的全面汉化,从而有力地推动了北魏的社会与鲜卑等北方各少数民族的发展;而孝文帝之所以会如此彻底地推行汉化政策,自然是基于对中原先进制度的全面认同。

契丹人建立的辽政权的制度特点,是所谓"以国制治契丹,以汉制待汉人"[3]的胡汉分治。首先从政治制度来看。一是官制上官分南北。辽朝中央与地方官制有两套平行的政权机构,即北面官与南面官。中央北面官掌"宫帐、部族、属国之政"[4],长官由契丹贵族担任;南面官治"汉人州县、租赋、军马之事"[5],长官

---

[1] 《北史》卷三,《文帝纪》,中华书局1974年版。

[2] 关于孝文帝汉化措施,主要史料参见《魏书·高祖纪》《北史·本纪第三》和《资治通鉴》卷一百四十《齐纪六》等。

[3] 《辽史》卷四十五,《百官志一》,中华书局1974年版。

[4] 《辽史》卷四十五,《百官志一》,中华书局1974年版。

[5] 《辽史》卷四十五,《百官志一》,中华书局1974年版。

由契丹人、汉人和渤海人中的上层担任。地方上分为五京，其中上京（临潢府，治所今内蒙古巴林左旗东南）和中京（大定府，治所今内蒙古宁城）实行部族制，属北面官系统；东京（辽阳府，治所今辽宁辽阳）、南京（析津府，治所今北京）和西京（大同府，治所今山西大同）实行州县制，属南面官系统。二是刑法上契丹法与汉法并行。契丹法的主要法典是《重熙条例》，用于治理契丹及其他少数民族；汉法主要依据《唐律》，管治汉人、渤海人。三是科举制度逐渐成为选拔汉官的重要途径。其次从经济制度来看，也存在着明显的胡汉分治的特点。辽朝的赋税制度到辽圣宗时"定均税法"，辽兴宗时"通括户口"进行调整。总体来看，辽朝赋税制度依照北宋两税法实行，税额依据田产多少和门第、官品高下而定，地位越高，赋税越少。采用两税法进行赋税征收的主要对象是汉人、渤海人，至于契丹等少数民族各部落，则采取计畜科征的牧税，主要是对部落括马等措施确定税额。辽朝制度封建化虽然不彻底，却也体现了对中原制度的认同。

西夏政权的建立者为党项族。元昊在称帝建西夏政权之前，就已经仿效宋朝官制进行官制改革，设置

第四章 "二十四史"民族史撰述与少数民族政权的历史文化认同意识

了中书省、枢密院、三司使司和御史台,分别掌管行政、军事、财政和监察。此外官职还有开翊卫司(掌扈从侍卫)、官计司(掌官吏任免补迁)、受纳司(掌仓廪积贮给受)、农田司(掌农田水利及平粜之事)、群牧司(掌牧养马匹)、飞龙院(掌防护宫城)、磨勘司(掌考课选叙)、文思院(掌制作御用金银器物)以及蕃学和汉学(掌教育)等。[1]这些官职绝大多数皆效仿唐宋制度而建,体现了西夏政权对中原制度的认同。

金政权的封建化一般认为自金太宗开始,到金世宗、章宗之际已经完成。金政权的封建化过程,也是对中原制度文明的认同过程。首先是生产关系上封建的租佃关系取代了奴隶制的剥削方式。女真人的猛安谋克户原来使用奴隶生产,到金太宗以后开始以田租人,转而收取地租。随着这种现象的普遍化,金政权于明昌元年(1190年)下令:"军人所受田,止令自种,力不足者方许承田,亦止随地所产纳租,其自欲折钱输纳者,从民所欲,不愿承佃者毋强。"[2]泰和四年(1204

---

[1] 参见《宋史》卷四八五,《夏国传上》,中华书局1985年版。
[2] 《金史》卷四十七,《食货志二》,中华书局1975年版。

年)又实行"屯田户自种及租佃法"[1]。同时,随着生产关系的变化,奴婢与二税户(寺院依附农民)也获得了解放。大定二年(1162年)"诏免二税户为民"[2];明昌二年(1191年)更定"奴诱良人法"[3],明令诱卖奴隶要受法律制裁。这些反映新的生产关系的举措,都是借鉴中原先进经济制度的产物。其次是依照辽、宋制度建立起一套从中央到地方的统治机构。中央主要机构有尚书省,为最高行政机构,下设吏、户、礼、兵、刑、工六部;御史台为监察机构,设御史大夫、御史中丞;此外中央机构尚有翰林学士院(掌制撰词命文字)、大宗正府(掌理宗室事务)、殿前都点检(掌亲军)、劝农司(掌劝农事)等。地方设置路、府、州、县四级。[4]此外,金朝的军事制度、财政制度和教育制度,大多也都是参考宋朝制度而立定,如设枢密院主管军事,实行科举考试选官,对土地征收二税、对财产征收"物力钱"等等。

---

[1] 《金史》卷十二,《章宗本纪四》,中华书局1975年版。

[2] 《金史》卷四十六,《食货志一》,中华书局1975。

[3] 《金史》卷九,《章宗本纪一》,中华书局1975年版。

[4] 参见《金史·百官志》,中华书局1975年版。

第四章 "二十四史"民族史撰述与少数民族政权的历史文化认同意识

元朝初期对采取旧俗还是汉法进行统治存在争论，元世祖忽必烈却深知"汉法"对于巩固统治的重要作用。元世祖的汉法举措，首先是依照汉制建立一套从中央到地方的行政制度。中央设中书省总理全国行政事务，枢密院掌管军事，御史台负责监察。地方行政机构设立行中书省（简称"行省"），掌管全省军政大事；行省之下设路、府、州、县。元朝地方行省制度的建立，可以说是在借鉴汉法的基础上的一种创新，在政治制度史上有重要影响。其次是封建生产关系的逐渐建立。其一是"以农桑为急务"。元世祖曾多次下达"戒蒙古军不得以民田为牧田"和"废耕田为牧场"的命令。早在中统二年（1261年），元朝就设立劝农司，派出劝农使到各地整顿农桑。至元七年（1270年）又成立司农司（后改称大司农司），由参知政事兼领。至元二十三年（1286年），元世祖下诏以大司农司所定《农桑辑要》一书颁行各路。正是通过这一系列的劝农举措，使得牧场终于让位于农场、蒙古封建领主逐渐转化为封建地主。而这一切，无疑是接受中原先进生产方式的结果。其二是实行封建赋税制度。元代的赋税制度主要实行税粮和科差两项，南北方略有不同。北方的税粮分为丁税和地税两种,丁税每年每丁纳粟3石,驱丁(奴婢)纳粟1石;地税每亩纳粟3升。基本原则是丁多地少的纳丁税,地多丁少的纳地税。南方税收则基本上承袭南宋旧制,一律按照地亩分夏秋两税征收,秋税纳粮,夏税纳木棉、布帛、丝绵等物。科差主要行于北方,以户为单位,包括丝料、包银和俸钞三项。元政府采取的赋税制度,显然都是借鉴金、南宋所实行的赋税制度,这是蒙古政权封建化在赋税制度上的体现。

综上所述,中国古代少数民族政权的历史文化认同是一种全方位的认同,少数民族政权统治者完全是以中国政权统治者自居,以认可中国历史文化、继承中国历史文化为己任。正是少数民族政权这样一种强烈的历史文化认同意识,才保证了历史上各民族文化的融合与发展,并最终形成今天以汉民族为主体的多民族国家的基本格局。

第五章　历史、历史学与中华民族精神

中华民族是一个人类文明史上绝无仅有的长期独立发展而未中断的具有五千年文明史的伟大民族，同时又是一个历史记载长期持续、数千年不辍的传统历史学非常发达的民族。中华文明的延绵不绝，既与中国古代以来统一的多民族国家的不断发展有着密切的关系，也与这种不间断的历史记载是分不开的。而在这五千年文明史发展过程中逐渐形成的中华民族精神，便是这不曾中断的中华文明精华的凝聚和沉淀，它既存在于大众的生产生活、风俗习惯与社会心理之中，也存在于小众的精英文化——古代历史文献当中，并且数千年以来一直成为中华民族赖以生存和发展的精神支撑和内在动力。今天，为了完成时代赋予的实现中华民族伟大复兴的光荣使命,我们迫切需要这种民族精神来增强凝聚力,鼓舞斗志,奋发向上。因此,通过过往的历史记载来了解我们中华民族悠久的文明史,思索和追问、弘扬和培育独具深厚历史文化底蕴的中华民族精神,无疑是具有重要现实意义的。

一、中华民族精神的主要内涵

中共十六大报告在论及中华民族精神时作如是说:"在五千年的发展中,中华民族形成了爱国主义为核心的团结统一、爱好和平、勤劳勇敢、自强不息的伟大民族精神。"这就清楚地告诉人们,中华民族精神是在中华文明史的发展过程中逐渐形成的;而中华民族源远流长的文明史,也使得中华民族精神具有了一种悠久的历史底蕴。

十六大报告关于中华民族精神具体内涵的概括无疑是准确、科学和富有时代精神的,是我们今天从事民族精神研究的指导思想,认识和揭示中华民族精神的指针。但是,作为历史文化深层次的民族精神,它涉及民族文化、民族心理、民族情感、民族品格、道

第五章　历史、历史学与中华民族精神

德规范以及价值取向等诸多方面的因素，它的具体展开过程必然是表现为更加具体化和多样化的。因此，我们在民族精神研究中，切忌狭隘地理解关于中华民族精神内涵的这一具体表述，从而使我们的研究停留在一种单纯的演绎和诠释上。

在中华民族五千年文明史的发展进程中所逐渐培养出来的中华民族精神，其内涵是深邃而丰富的。通过学者们不懈的思索与追问，人们对其具体内涵的认识已是愈益全面。其中，爱国主义、团结统一、爱好和平、勤劳勇敢和自强不息等，是中华民族最可宝贵的民族精神，而像厚德载物、创新求变、理想人格、民族忧患、历史借鉴等等，也都是中华民族在其历史发展过程中所养育出来的重要的民族精神。

爱国主义是指一种对祖国和人民的忠诚热爱之情。作为一种民族精神，它的具体内涵在古代和近代是有所不同的。爱国主义作为一个历史的概念，像中国古代的"天下兴亡，匹夫有责"的国家、民族利益至上观念，公而忘私、国而忘家的大公无私观念，不忘国耻、忧国忧民的民族忧患意识，精忠报国、舍生取义、勇赴国难的英勇献身精神，等等，都是这种民

族精神的具体体现。当然,正如有的学者所指出的,"在古代,爱国主义是在国家彼此隔离的情况下形成的,它与忠君观念、盲目排外心态有着某些不可避免地联系,是一种旧式的爱国主义"[1]。对此应当有一种正确的认识。爱国主义作为一个近代概念,它是以反抗外国侵略和救亡图存为主题,并且与社会主义前途相联系的。从中国近代地主阶级改革派林则徐的虎门销烟、魏源的"师夷长技以制夷",到以康有为、梁启超为代表的君主立宪派推动的戊戌维新运动,再到资产阶级革命派孙中山领导革命志士推翻中国两千年的帝制统治,无不都表现出了以救亡图存为主旨的具有近代特色的爱国主义精神。中国共产党人将爱国主义与社会主义前途相结合,最终推翻了三座大山的压迫,取得了中国新民主主义革命的胜利,中国人民从此站立起来,中华民族从此走上了复兴的道路。

团结统一精神与中国历史上秦汉大一统政治的建立有着密切的关系。在秦统一以前的夏、商和西周王

---

[1] 方立天:《民族精神的界定与中华民族精神的内涵》,载王俊义、黄爱平主编《炎黄文化与民族精神》,中国人民大学出版社1993年版,第103页。

第五章 历史、历史学与中华民族精神

朝,其政权统治中心主要是在中原地区,中原诸夏与四方夷狄共处;进入春秋、战国之后,中国历史出现了长期的诸侯争霸局面,人们渴望天下一统、社会安定,最终由秦国完成了国家的统一,建立起了封建大一统的政治统治制度。秦皇朝虽然二世而亡,然随即建立起来的汉皇朝继承了秦的大一统政治体制,并且采取了"罢黜百家,独尊儒术"的思想大一统政策,从而有效地加强了封建大一统制度。从此以后,在中国漫长的历史发展进程中,尽管还出现了像魏晋南北朝的分裂、唐末五代十国的割据和宋辽与宋金的对峙,但是,各民族之间已有了共同的文化认同感,维护国家统一已成为历史的潮流。到了近代,随着外国列强的入侵和民族危机的加深,中国境内各民族已经形成为一体,他们精诚团结,共同反对外国入侵,挽救民族危机,维护中华民族的统一。我们可以设想一下,如果没有历史上中国各民族形成的文化认同感和维护国家统一观念,也就难以出现近代中国各民族的团结御侮,从而最终取得反抗列强斗争的胜利和维护中华民族的主权与国家的独立。

爱好和平精神也就是中国传统文化中的和谐精

神。众所周知,传统儒家的最高政治理想是"平天下",而"平天下"的核心即是"和平",只有和谐共生,才能天下太平。这种和谐精神的基本原则,一是讲求普遍意义上的和谐,即以天人万物的和谐为其境界。汤一介先生称此为一种"普遍和谐",它包括自然的和谐、人与自然的和谐、人与人的和谐和人自我身心内外的和谐[1]。二是重视"和"与"同"、"和"与"流"、"和"与"中"、"和"与"合"之间的关系。"和"不是"同",和谐不等于完全的一致,"君子和而不同"[2],"和"是事物多样性的统一;"和"不等于"流",和谐不是无原则的、一味地调和、讨好,"君子和而不流"[3];"和"即是"中",春秋思想家晏婴主张通过"济其不及,以泄其过"的方法来达到"中和"[4]的目的;"合"是"和"的另一种表达形式,"物必有合","合"是强调事物乃对立面的统一与融合,和合交感是万物生成变化的根源。三是强调和谐的重要性。《易·乾·象辞》说:"乾道变化,

---

[1] 汤一介:《略论儒学的现代意义》,载中国孔子基金会编《儒学与二十一世纪》,华夏出版社1996年版,第245页。
[2] 《论语·子路》,诸子集成本,中华书局1954年版。
[3] 《中庸》,新编诸子集成《四书章句集注》本,中华书局1983年版。
[4] 《左传·昭公二十年》,中华书局1981年版。

第五章 历史、历史学与中华民族精神

各正性命,保合太和,乃利贞。首出庶物,万国咸宁";《论语·学而》说:"礼之用,和为贵";《中庸》说:"致中和,天地位焉,万物育焉";《尚书·尧典》说:"协和万邦",等等,都是强调和谐对于万物生成、天下太平的重要性。中华民族数千年文明史的发展过程,充分体现了这样一种重视和谐的思想。如表现在古代民族关系上,总体来说,历代皇朝都比较重视推行"和抚四夷"的民族友好政策。唐贞观年间的民族友好关系更是堪称为典范;表现在古代对外关系上,重视推行"协和万邦"的对外友好政策,使节往来频繁,唐都长安一度出现了万邦来朝的盛况;表现在人际关系上,则通过"礼"的规范作用,来达到人与人之间的和谐相处,如此等等。毫无疑问,中华文明数千年一系,与中华民族这种久远的、受到高度重视的和谐思想是分不开的。

勤劳勇敢与自强不息精神是中华民族的优良品格。勤劳勇敢的精神是指中华民族吃苦耐劳、勤俭节约、坚忍顽强等等品格;而自强不息精神指的是中华民族的刚健有为、朝气蓬勃、奋发向上和百折不挠、不畏强暴的反抗斗争精神。中华民族自古以来便是以勤劳勇敢和积极进取的精神著称于世的，正是具有这样一种精神，我们的先民创造了以四大发明为代表的古代光辉灿烂的中华文明，从而赢得了世界的尊敬。近代以来，中华民族长期遭受外来侵略，虽然身处逆境，却依然表现出了自强不息、不畏强暴、浴血奋战的民族反抗精神。正如毛泽东同志所说的："中华民族不但以刻苦耐劳著称于世，同时又是酷爱自由、富于革命传统的民族。""中国人民，百年以来，不屈不挠、再接再厉的英勇斗争，使得帝国主义至今不能灭亡中国，也永远不能灭亡中国。"[1]"我们中华民族有同自己的敌人血战到底的气概，有在自力更生的基础上光复旧物的决心，有自立于世界民族之林的能力。"[2] 正是由于中国人民历经百余年不屈不挠、前赴后继的英勇斗争，最终赢得了我们的国家与民族的独立和解放。

厚德载物精神也就是博大宽容的精神，它要求人们具有宽阔的胸襟，宽容大度地对待人、事与自然，

---

[1] 毛泽东：《中国革命和中国共产党》，《毛泽东选集》第二卷，人民出版社1991年版，第623、632页。
[2] 毛泽东：《论反对日本帝国主义的策略》，《毛泽东选集》第一卷，人民出版社1991年版，第161页。

因而它的思想基础就是以和为贵的价值观。厚德载物精神与自强不息精神往往对举，如《易传》即以"天行健，君子以自强不息"和"地势坤，君子以厚德载物"来概述天地的精神，强调的是刚柔统一；老子哲学宣扬的也是以柔克刚的精神，等等。张岱年先生非常推崇中华民族厚德载物的精神，认为"'自强不息'的精神可以说是中国文化与西方文化共同具有的，并非中国文化的特点。'厚德载物'的宽容而爱好和平的精神，却是中国文化所独有的特点"[1]。由于厚德载物精神以"和为贵"的价值观为基础，因而在强调人与自然的和谐和本着和平共处的原则处理国家与民族之间的关系方面，二者是完全一致的。同时，厚德载物的精神还特别表现在文化上的一种宽容态度。在中国古代，汉民族文化虽然长期处于最先进的地位，却总能积极吸纳域内外各种不同的文化，为中华文化注入新鲜的血液，这也是中华文化长盛不衰的重要原因之一。正如有的学者所说："中华民族特有的世界主义的交往方式，没有民族沙文主义和民族偏见，在中国这块土地

---

[1] 张岱年：《炎黄传说与民族精神》，载王俊义、黄爱平主编《炎黄文化与民族精神》，中国人民大学出版社1993年版，第12页。

上，天下（世界）各地的各民族人民都可以自由和平地从事经济和文化活动。没有内外之分，没有固执的狭隘性，有的是对外邦风土人情和特产的友善和喜爱。这种'有容乃大'的民族精神，在汉唐时代发展到了极致。"[1] 今天的中国，在处理国内民族关系与对外关系时，古代这种博大宽容的厚德载物精神，依然是我们中华民族的重要传统和基本精神。

创新求变精神是一种重视剔除不利于民族国家发展的因素、追求民族国家不断进步的精神，这是中华民族与中华文化历久不衰、或衰而复振的重要原因。一个民族如果固步自封，失去创新求变与批判的精神，那么这个民族也就失去了发展动力，最终只能是自我毁灭。中华民族自古以来就是一个重视创新求变的民族，《易·系辞下》说："穷则变，变则通，通则久"，这是肯定变通对于事物发展的作用；《大学》说："苟日新，日日新，又日新"，这是强调事物只有通过日日创新，才能有持久、有发展。这些说法，是关于不断

---

[1] 李鹏程：《中华文化中的民族观念》，载中国社会科学院学术交流委员会编《中华民族文化精神的呼唤》，经济管理出版社2000年版，第5页。

创新求变的中华民族精神的最为精炼的表述。中国古代的这种创新求变思想，其涵盖的范围非常广泛，小到具体的技术革新，大到制度变革，甚至政权革命。如《易·革·彖辞》就说："天地革而四时成，汤、武革命，顺乎天而应乎人，革之时大矣哉！"《周易》宣扬"汤武革命"的思想，对于后世政治思想与政权更替都产生了非常大的影响。至于历朝的政治变革，那更是平常之事，大凡每一个朝代都或多或少地进行过程度不同的变革。此外像历史上的思想、文化、风俗习惯、生产工具等等变革，也都一直持续不断。到了近代，中华民族落伍了，在被外国枪炮惊醒之后，一批批先进的中国人为了救亡图存，不断地推动并尝试着进行新的社会政治思想等诸多变革，谋求民族新的出路。毫无疑问，没有创新求变的中华民族传统或精神，也就没有中华民族繁荣富强的今天。

理想人格精神的主旨是追求人格价值。中国传统文化是一种具有人文精神的文化，《易·贲·彖辞》说："关乎人文，以化成天下"，体现的就是这种以人为本位的文化精神；中国传统文化又是一种崇尚道德的文化，传统儒家崇尚以人为本，重视人格塑造，他们所追求的理想人格是圣贤君子和志士仁人，这是人生的一种道德境界。尽管圣贤君子和志士仁人的道德境界又有所不同，但他们无疑都是道德的楷模，集真善美人格于一身的人。具体而言，像"三军可夺帅，匹夫不可夺志"的英勇气概，"富贵不能淫，贫贱不能移，威武不能屈"的浩然正气，"先天下之忧而忧，后天下之乐而乐"的忧乐观，"鞠躬尽瘁，死而后已"的公而忘私精神，"路漫漫其修远兮，吾将上下而求索"的追求真理精神，"人生自古谁无死，留取丹心照汗青"的视死如归精神，如此等等，都充分表达了数千年来中华士人的崇高人格和理想追求。而一代代仁人志士们的理想人格又不断地熏陶着后代无数的中华儿女，指引着他们去追求这种人格境界，实现自己的人生价值。在中国历史上，每当我们的民族处在危急关头，总是有一批批的仁人志士会挺身而出，带领着人们誓死捍卫我们民族的利益。因此，理想人格精神，是中华民族不断发展的一种人格素质保证。

民族忧患精神也就是一种责任精神，它与理想人格精神和爱国主义精神都有某种相通之处。忧患意识是理想人格的一种具体体现，因为仁人志士一定是具有忧患意识、具有责任感的;忧患意识表现在忧国忧民上,自然也就是一种爱国主义的精神。中华民族的忧患意识产生很早,《易传》的作者就明确指出:"作《易》者,其有忧患乎?""《易》之兴也,其当殷之末世,周之盛德邪?当文王与纣之事邪?是故其辞危。"[1]点明文王为是否应该伐纣而忧患作《易》。其实,《周易》通篇都贯穿着一种忧患意识。孟子更是明确地将这种忧患意识概括为"生于忧患,死于安乐"[2],使得这种忧患意识遂积淀成为中华民族的一种普遍精神。范仲淹的"先天下之忧而忧,后天下之乐而乐",龚自珍的"当以良史之忧忧天下",都充分表达了这种忧患精神,表达了中华士人的一种历史与民族国家的责任感。与这种忧患意识相一致的是"居安思危"的意识,《易·系辞下》说:"危者,安其位者也;亡者,保其存者也;乱者,有其治者也。是以君子安而不忘危,存而不忘亡,是以身安而国家可保也。"《左传》的作者也说:"居安思危,思则有备,有备无患。"[3] 在中国政治史上,"居

---

[1] 《周易·系辞下》,《十三经注疏》本,中华书局1980年版。

[2] 《孟子·告子下》,诸子集成本,中华书局1954年版。

[3] 《左传·襄公十一年》,中华书局1981年版。

安思危"常常是封建大臣对封建帝王的谏言,对于封建政治产生过重要的影响。

历史借鉴精神就是要从历史当中汲取教训、获得智慧,从而把握正确的历史发展方向,求得正确的历史发展道路,从挫折与失败中将历史引领向正确的未来。我们的民族之所以拥有人类文明史上绝无仅有的持续数千年发展而不辍的文明发展史,其中一个重要原因,就是我们的民族懂得历史借鉴,重视历史借鉴,也善于历史借鉴。一部中国政治变革史,就充分说明了这种历史借鉴的价值。西周初年的统治者正是从"殷鉴"中懂得了天命惟德是辅和尊天、敬德惟在保民的治国道理,从而稳定了"小邦周"的统治,建立起了800年姬周统治基业;西汉初年推行清静无为的黄老政治,从而造就汉初文景之治的封建盛世局面,也是汲取了亡秦一味实行重刑、苦民的"有为"政治,不懂得"攻守之势异"和"逆取而顺守"的通变道理的历史教训的结果;唐贞观年间重视以隋为鉴,大臣进谏成风、帝王从谏如流,由此造就前古未有的贞观盛世,则更是中国封建政治史上重视历史借鉴的典型事例。而历史上一些成功的政治统治经验,也常常为后代统治者所提倡、学习和仿效，从中获得智慧。如汉初推行的与民休息政策，就常常为后代初建时期的皇朝统治者所重视和仿效，并且取得了显著的效果；唐朝的贞观之治，也一直被后代统治者和思想家奉为中国封建统治的楷模，从中汲取政治经验，等等。可以说，中华民族的历史为什么在经历无数的挫折之后，总是能够不断地取得新的发展与进步，具有历史借鉴精神无疑是其中的重要原因之一。

二、传统史学与中华民族精神的记录和传承

中华五千年文明发展史的深厚历史底蕴，孕育出了中华民族的爱国主义、团结统一、爱好和平、勤劳勇敢、自强不息、厚德载物、创新求变、理想人格、民族忧患和历史借鉴等等优良传统与民族精神，这是中华民族的精魂。一定程度而言，一部中国历史也就是中华民族精神的形成与发展的历史。

在中华民族精神的形成与发展过程中，数千年延绵不绝的中国传统史学实际上肩负起了记录和传承中华民族精神的重要使命。因此，通过研究传统历史学

以汲取其中内蕴的中华民族精神,无疑是我们今天弘扬和培育中华民族精神的重要途径。正如有学者所说:"发展社会主义先进文化,培育和弘扬民族精神的重要途径之一,是发掘丰厚的历史文化资源。优秀的中国史学遗产,不仅是中华民族精神发展的记录,同时也是当今为实现中华民族的伟大复兴,培育和弘扬中华民族精神取之不竭、用之不尽的宝藏。"[1]

首先,中国史学数千年延绵不绝,有着悠久的历史传统。据《吕氏春秋·先识》载,早在夏代时期,就已经设有史官——太史令。商周时期史官名称繁多,史职分工也更加细致。史官的基本职责便是本着公正的态度"记事",还有与记事相关的如编修史书、掌管文献,以及占卜、祭祀、典礼等一些活动。史官通过记事、修史,也就由此流传下了一篇篇宝贵的史籍。据《尚书·多士》载,"惟殷先人,有册有典",这里所谓"册""典",便是商代史官记录下的历史文献资料。周代史官们留下的历史记录更为丰富,今文《尚书》中的《周书》19篇绝大部分为西周时期史官的作

---

[1] 于沛:《民族精神、先进文化和历史研究》,《史学理论研究》,2003年第4期。

第五章　历史、历史学与中华民族精神

品；春秋、战国时期各诸侯国都有史官们撰述的历史作品，孟子所谓"晋之《乘》，楚之《梼杌》，鲁之《春秋》"[1]，墨子称见"百国《春秋》"[2]，庄子所称"旧法世传之史"[3]，以及《礼记》所引《楚书》《左传》所引《郑书》《韩非子》所引《梼杌春秋》等，足以说明这一时期诸侯国撰述的史籍是非常丰富的。至于如《竹书纪年》《世本》《左传》《战国策》和《国语》等，则更是世人皆知的这一时期撰成、并且流传于后世的重要的先秦史籍。秦汉以后，先秦重视史官建制与修史制度的传统被沿袭下来。此后的历朝历代，都设有史官，从事掌管文献和修史等工作。同时，也都非常重视修撰前朝和本朝的历史，出现了大量官、私修撰的史书。特别是唐朝官修史书制度确立以后，本朝修撰前朝历史的做法更是形成一种惯例和传统，一直延续到清代。

中国古代延绵数千年历史记载的长期延续，就如同中华文明传统数千年长期延续一样，它们是世界文

---

[1] 《孟子·离娄》，诸子集成本，中华书局1954年版。
[2] 刘知幾：《史通》卷一，《六家》，浦起龙通释本，上海古籍出版社2009年版。
[3] 《庄子·天下》，诸子集成本，中华书局1954年版。

明发展史上独一无二的伟大奇观。由于中国历史记载的延绵不绝,留存的历史文献浩繁,人们用"浩如烟海""汗牛充栋"来形容它们;中华民族也因为文明悠久、史籍浩繁,而被人们称为"礼仪之邦""文献之邦"。而中国历史的发展与中国史学的发展之间存在着密切的联系。中国史学有一个重要原则,那就是"藏往知来",或谓"述往事"以"思来者"。"藏往知来",《易·系辞上》说,"神以知来,知以藏往",即是指通过保存历史资料,总结历史经验,就能够做到神以知来,对未来做出准确的预测或判断。而"述往事"以"思来者",则主要是通过对过往历史的叙述,为后来者提供历史借鉴。因此,前者是从保存历史资料角度说的,后者则是从历史叙述与撰述角度说的,而它们的目的都是一致的,即是要以历史的经验教训来指导现实、预测未来,从而避免或者减少历史发展过程中的盲目性。中国史学的这一功能或基本原则,无疑是中国历史能够得以持续发展、延绵不绝的重要原因;而二者之间的相互促进关系,又赋予了中国历史与史学发展的旺盛的生命力。

其次,数千年延绵不绝的历史记载,本身就是中华民族自强不息、生生不已精神的体现。无论世事多么艰难,环境如何险恶,中华民族的历史记载从来就没有停止过,一直保持着它的连续性,从而不但为我们今天留下了一份丰厚的史学遗产,同时也给我们留下了一份宝贵的精神财富。

中国史学发展所体现的这种精神,无疑是来自于中国古代史家的一种历史责任感与使命感。孔子之所以要作《春秋》,司马迁认为是为了宣扬道义,拨乱反正[1];孟子也说孔子因惧乱世而作《春秋》,结果是"孔子成《春秋》而乱臣贼子惧"[2],达到了整饬人心的效果。司马谈临终遗命司马迁续撰《史记》说:"自获麟以来四百有余岁,而诸侯相兼,史记放绝。今汉兴,海内一统,明主贤君忠臣死义之士,余为太史而弗论载,废天下之史文,余甚惧焉。"[3]在此司马谈交代得很清楚:历史记载不能中断,而从孔子《春秋》绝笔后至今400余年已经没有历史记载了,史家应该肩负起这个历史责任;同时大一统的汉朝人才辈出,功业宏

---

[1] 《史记》卷一百三十,《太史公自序》,中华书局1959年版。

[2] 《孟子·滕文公下》,诸子集成本,中华书局1954年版。

[3] 《史记》卷一百三十,《太史公自序》,中华书局1959年版。

大，作为这一伟大时代的史家，理所当然要及时地载记下这一伟大时代的伟大历史。班固之所以要断代为史作《汉书》，其主旨思想是"宣汉"，要为大汉皇朝歌功颂德。司马光之所以要写《资治通鉴》，他是要为封建帝王治理国家写一本帝王政治教科书，《进〈资治通鉴〉表》对此说得很清楚："每患迁、固以来，文字繁多，自布衣之士，读之不遍，况于人主，日有万机，何暇周览！臣常不自揆，欲删削冗长，举撮机要，专取关国家盛衰，系生民休戚，善可为法，恶可为戒者，为编年一书。"龚自珍之所以重史、"尊史"，是认为"智者受三千年史氏之书，则能以良史之忧忧天下"[1]。如此等等。不难看出，中国古代史家作史的目的无非是或出于道德目的，像孔子作《春秋》；或出于治政目的，像司马光作《资治通鉴》；或主要出于连续历史记载，像司马谈作史；或出于为皇朝歌功颂德，像班固作《汉书》；或出于忧国忧民忧天下的情怀，像龚自珍尊史作史，等等。当然，以上各种目的往往又都是具体史家撰述史书所兼具的。而正是这些历史撰述目的，

---

[1] 龚自珍：《龚自珍全集·乙丙之际著议第九》，上海人民出版社1975年版。

培育了中国古代史家历史撰述的责任感、使命感和自觉意识,也培育了中国古代史家的一种历史记载不绝的生生不息的史学精神,从而最终造就了中国数千年历史文献连绵不绝的伟大奇观。

再次,在浩如烟海的中国历史典籍中,蕴含着丰富的中华民族精神,提供了一个个生动的体现中华民族精神的具体范例。

爱国主义是中华民族精神的主要内容之一,传统史学非常重视颂扬这种民族精神、培育中华儿女一种热爱祖国的情怀。像《史记》对屈原这一历史人物的塑造,就非常重视突出他的忧君、忧国、忧民情怀,肯定他是一个伟大的爱国主义诗人。屈原生当楚国政治昏暗之时,他因楚王听信谄言而被疏远,却依然关心楚国政治,积极推举贤才,直谏楚王;遭流放后却出于对自己国家的热爱,不肯迈出楚国的国土,忠贞爱国之情是何等的强烈![1] 又如《史记》《汉书》对于西汉反击匈奴战争时期涌现出的杰出的青年将领霍去病的忧国忘家精神的颂扬,也非常感人。霍去病的一

---

[1]《史记·屈原贾生列传》,中华书局1959年版。

生,虽然只有短短的 24 个春秋,却在西汉抗击匈奴的战争中六度出师,每战皆捷,立下了赫赫战功。然而当汉武帝提出要为他建立府第时,他却拒绝说,"匈奴未灭,无以家为"[1],他的这种忧国忘家的博大胸怀和崇高志向,千百年来,一直激励着一代又一代的中华儿女们去努力为国效劳。如此等等,不一枚举。到了近代,在传统爱国主义精神的感召下,中华儿女又积极投身于救亡图存的反对外国侵略的斗争当中。值得注意的是,这一时期的史家不但通过他们的史笔及时载记下这场反侵略斗争的过程,而且还通过研究边疆史地、研究外国宪政改革史等,拿起他们的史笔积极投身到救亡图存的爱国大潮中去。

传统史学也非常重视颂扬团结统一、反对国家分裂的精神。在中国历史撰述中,史家普遍重视对于大一统政治的颂扬,其中《汉书》的"宣汉"思想最具有代表性。而"海内一统""夷夏一统",则往往被视为这种大一统政治的理想境界。魏晋南北朝是中国历史经历秦汉大统一之后的一个大分裂时期,反映在这一

---

[1] 《史记》卷一百一十一,《卫将军骠骑列传》,中华书局 1959 年版;《汉书》卷五十五,《卫青霍去病传》,中华书局 1962 年版。

第五章　历史、历史学与中华民族精神

时期各民族的历史撰述上，都重视为各自建立的政权争正统，而斥其他政权为"僭伪"。特别是在南北朝对峙形势下，南朝汉人修的史书斥北朝为"北虏"，北朝各族修的史书则称南朝为"岛夷"。这种历史撰述争正统的现象，其实是从深层次反映出了各民族对于中华礼义大文化的一种认同，反映了一种民族的内聚力，地域和族系在这种正统论当中已经不成其为评判政权是否为正统的标准或尺度了。魏晋南北朝史书反映的强调文化认同的正统论，对于此后中国大一统政治是有着重要影响的。传统史学重视团结统一，还具体表现在对于维护国家统一的杰出人物的颂扬和对分裂国家、背叛祖国的国家与民族的败类进行鞭挞上。在这方面，传统史著记述的事例随处可见，不一而足。

传统史学非常重视通过民族文化认同、各民族之间的往来以及中外不同文明之间的交流，来积极颂扬中华民族的厚德载物和爱好和平的优良品格。古代史家主要通过对历史上各少数民族政权推行的汉化措施如北魏孝文帝改革等的记录，系统反映了民族融合的历史进程以及各民族对于中华文化的普遍认同感；通过叙述中国各民族之间的交往，肯定了各民族之间尽

管时有战争发生,但友好往来毕竟是主流,而且民族间的冲突往往又促使各民族走向新的团结,"民族关系就是这样发展起来的,一步比一步团结"[1]。通过对古代中外交流史,特别是关于陆上丝绸之路和海上丝绸之路的开通的叙述,肯定了中外不同文明与文化的相互交流与影响,颂扬了中华文明对于世界文明所做出的杰出贡献。在古代各民族政权交往、各民族人民的交往以及与域外文明交往过程中,集中体现了中华民族一种求同存异、和谐共存的理念和厚德载物、爱好和平的精神。与这种厚德载物、爱好和平相对应的,是中华民族勤劳勇敢、自强不息的精神。中华民族的历史已经充分证明我们的民族是一个勤劳勇敢、自强不息的民族,否则也就不可能有五千年延绵不绝的中国历史。虽然一部中国古代史,主要是叙述帝王将相的历史,尽管这样,我们依然从中不难看出我们民族的这种精神。而正是这种传统精神,使我们的民族在近代遭受外国入侵时,才能够齐心协力、团结一致、同舟共济、共赴国难,表现出了民族的顽强生命力。

---

[1] 白寿彝:《在清史国际学术讨论会上的讲话》,载《白寿彝史学论集》上册,北京师范大学出版社1994年版。

第五章　历史、历史学与中华民族精神

创新求变精神体现的范围很广，而从政治而言，主要是讲历史上的制度和政权变革。前者表现为各朝各代的政治改革，后者则是"汤武革命"式的改朝换代。而政治上的创新求变精神与历史借鉴精神又是相通的，创新求变是在历史借鉴基础上的创新求变，中国历史上每一次重大改革或革命，往往都是以历史为依据、以历史为借鉴的。中国传统史学非常关心皇朝的政治命运，因而重视叙述历史上的改朝换代和变革运动，重视观察历史的盛衰之变，探讨历史的盛衰之理，所谓"《易》穷则变"、原始察终、见盛观衰等等，便是中国史家总结出的变革理论。从根本上说，历朝历史撰述的本质，就是为新兴朝代汲取历史经验教训、从而以除旧布新服务的。

中华文化从一定程度而言，也可以说是一种道德文化，重视理想人格精神的培养，是这种文化的应有之义。在传统史著中，不但通篇充斥着道德宣传和说教，而且非常重视通过具体历史人物的道德言行的典范作用，肯定理想人格精神培养的重要性。像曾母杀猪、岳母刺字等等，已是中华民族妇孺皆知的道德教育典型事例。而正是这种自幼的理想人格精神的培养，

才有可能长大成人之后成为忧国忧民的仁人志士、民族精英。传统史学非常重视宣扬民族忧患意识,宣扬具有民族忧患意识的仁人志士,有关这方面的名人名言与典型事迹,可谓史不绝书。清代史家龚自珍的"当以良史之忧忧天下"的情怀,正集中反映了传统史学所具有的这种忧患精神。

最后,由于传统史学内蕴着丰富的中华民族精神,因此,进行历史研究、挖掘历史文化资源,也就成为我们今天弘扬和培育中华民族精神的重要途径。

对于学习历史、从中汲取民族精神的重要性,中国共产党的领导是有着充分的认识的,并且作过很多重要的论述。毛泽东同志对于传统历史学的认识有一个经典的说法:"我们这个民族有数千年的历史,有它的特点,有它的许多珍贵品。对于这些,我们还是小学生。今天的中国是历史的中国的一个发展;我们是马克思主义的历史主义者,我们不应当割断历史。从孔夫子到孙中山,我们应当给以总结,承继这一份珍贵的遗产。"[1] 毛泽东同志要我们不但不能割断历

---

[1] 毛泽东:《中国共产党在民族战争中的地位》,《毛泽东选集》第二卷,人民出版社1991年版,第533—534页。

史，忘掉文化传统，还应该好好总结和继承这份珍贵的遗产，这其中当然也包括中华民族精神。邓小平同志指出："中国人民有自己的民族自尊心和自豪感，以热爱祖国、贡献全部力量建设社会主义祖国为最大光荣，以损害社会主义祖国利益、尊严和荣誉为最大可耻。"[1] "要懂得些中国历史，这是中国发展的一个精神动力。"[2] 很显然，正是中国光辉灿烂的五千年文明史培育了中华儿女的民族自尊心和自豪感，而中国历史蕴含的丰富的民族精神自然会成为中国继续发展的精神动力。江泽民同志在《中国通史》出版之际写给白寿彝先生的贺信中也充分肯定了学习中国历史的重要性，他说："几千年来，中华民族得以不断传承和光大，一个重要原因就是我们的先人懂得从总结历史经验中不断开拓前进。我国的历史，浩淼博大，蕴含着丰富的治国安邦历史经验，也记取了先人们在追求社会进步中遭遇的种种曲折和痛苦。对这个历史宝库，我们

---

[1] 邓小平：《中国共产党第十二次全国代表大会开幕词》，载《邓小平文选》第三卷，人民出版社1993年版，第3页。

[2] 邓小平：《振兴中华民族》，载《邓小平文选》第三卷，人民出版社1993年版，第358页。

应该运用历史唯物主义的观点不断加以发掘，在前人研究的基础上不断做出新的总结。这对我们推进今天祖国的建设事业，更好地迈向未来，具有重要的意义。"[1] 江泽民同志这里所谓发掘历史文化宝库，其中就有丰富的中华民族精神的内涵，他于1998年9月28日在全国抗洪抢险总结表彰大会上的讲话中就指出："一个民族、一个国家，如果没有自己的精神支柱，就等于没有灵魂，就会失去凝聚力和生命力。有没有高昂的民族精神，是衡量一个国家综合国力强弱的一个重要尺度。"[2] 党的十八大以来，习近平同志多次强调历史学科的重要性，其论述的内容贯通学史、治史、国史的方方面面，涉及党史、国史、中华民族史和世界史各个领域，彰显了新时期中国共产党人自觉的历史意识、宽广的历史视野和高度的文化自信。这就将学习历史、弘扬和培育民族精神的重要性提升到了一个新的高度。

今天的中国正处于实现中华民族伟大复兴的重要

---

[1] 《史学史研究》1999年第3期。
[2] 《江泽民论有中国特色社会主义》（专题摘编），中央文献出版社2002年版，第395页。

第五章 历史、历史学与中华民族精神

时刻,为完成历史赋予我们这个时代中华儿女的伟大使命,我们需要通过对于历史的学习,从中汲取一种民族的精神,来增强我们民族的凝聚力、意志力和生命力,提高我们民族的责任感、使命感和进取心。然而,现实的状况却并不尽如人意。在当前经济大潮影响下,一些人,特别是一些年轻人,不重视对于自己祖国历史的学习,不重视对于中华民族精神的汲取,因而对于自己的民族和国家缺乏感情,没有为国家和民族效劳的责任感和自觉性。杨叔子先生曾经在2002年10月9日的《中华读书报》上撰写过一篇关于《高等教育的五"重"五"轻"》的文章,文中说:"1982年我在美国的一个大学访问,有几位华人教授跟我讲,内地教育有个缺陷,什么缺陷呢?内地的留学生,ABC很好,XYZ也很好,也懂得美元、英镑,就是不太了解长城、黄河,不太了解文天祥、史可法,一点也不知道《史记》《四书》《资治通鉴》,请问这种学生毕业出去以后能为中华民族服务?我认为他们提得非常好,非常深刻,也非常生动……对自己的国家、民族的地理、历史知之甚少,对悠久文化传统一无所知,可不可能对自己的国家与民族有感情?会不会为这个国家与民

族很好去服务?现实的很多例子已经证明了这个批评是对的。"这段话发人深省,它反映了当前我国高等教育由于存在着严重的重理轻文现象,从而导致培养出来的只是些对我国传统文化一无所知、对祖国历史地理知之甚少的人。这样的所谓的高等人才,对于自己的国家、民族根本没有感情,也不可能去为他们自己的国家、民族好好地服务。毫无疑问,这种教育弊端所连带的后果是十分严重的,它直接关系到我们的传统文化能否得到传承,中华民族精神能否得到弘扬和培育,社会主义现代化建设事业能否取得成功,一言以蔽之,即是关系到能否真正实现中华民族的伟大复兴这一远大理想。因而,它实际上是一个大是大非问题,必须引起高度的重视。本文以杨叔子先生的这段话作结尾,是希望人们特别是青年一代因此有所警醒。我们要通过对于传统文化、传统史学的学习,来弘扬和培养我们中华民族的民族自尊心与自豪感,从而能真正肩负起复兴中华民族的伟大事业。

参考书目

一、经典著作

[1] 毛泽东:《毛泽东选集》第一卷,北京,人民出版社1991年版。

[2] 毛泽东:《毛泽东选集》第二卷,北京,人民出版社1991年版。

[3] 邓小平:《邓小平文选》第三卷,北京,人民出版社1993年版。

[4] 江泽民:《江泽民论有中国特色社会主义》(专题摘编),北京,中央文献出版社2002年版。

[5] 习近平:《习近平谈治国理政》,外文出版社2014年版。

二、古代典籍

[6] 《周易》,《十三经注疏》本,北京,中华书局1980年版。

[7] 《尚书》,《十三经注疏》本,北京,中华书局1980年版。

[8] 《论语》,诸子集成本,北京,中华书局1954年版。

[9] 《孟子》,诸子集成本,北京,中华书局1954年版。

[10] 《庄子》,诸子集成本,北京,中华书局1954年版。

[11] 《左传》,北京,中华书局1981年版。

[12] 《公羊传》,《十三经注疏》本,北京,中华书局1980年版。

[13] 贾谊:《贾谊集》,王洲明、徐超校注本,北京,人民文学出版社1996年版。

[14] 董仲舒:《春秋繁露》,苏舆义证本,北京,中华书局1992年版。

[15] 司马迁:《史记》,北京,中华书局1959年版。

[16] 班固:《汉书》,北京,中华书局1962年版。

[17] 何休:《春秋公羊传解诂》,徐彦注疏本,上海,上海古籍出版社1990年版。

[18]　魏收:《魏书》,北京,中华书局1974年版。

[19]　李延寿:《北史》,北京,中华书局1974年版。

[20]　房玄龄等:《晋书》,北京,中华书局1974年版。

[21]　刘知幾:《史通》,浦起龙通释本,上海,上海古籍出版社2009年版。

[22]　(金)佚名:《大金德运图说》,文渊阁《四库全书》本。

[23]　郝经:《陵川集》,文渊阁《四库全书》本。

[24]　宇文懋昭:《大金国志》,崔文印校注本,北京,中华书局1986年版。

[25]　苏天爵编《元文史》,文渊阁《四库全书》本。

[26]　苏天爵:《元朝名臣事略》,北京,中华书局1996年版。

[27]　脱脱等:《宋史》,北京,中华书局1985年版。

[28]　脱脱等:《辽史》,北京,中华书局1974年版。

[29]　脱脱等:《金史》,北京,中华书局1975年版。

[30]　吴广成:《西夏书事》,清道光刻本。

三、现代著作

[31]　徐复观:《两汉思想史》,上海,华东师范大学

出版社2001年版。

［32］ 冯家昇:《冯家昇论著辑粹》，北京，中华书局1987年版。

［33］ 白寿彝:《民族宗教论集》，石家庄，河北教育出版社2001年版。

［34］ 白寿彝:《白寿彝史学论集》，北京，北京师范大学出版社1994年版。

［35］ 白寿彝:《中国通史》第一卷，上海，上海人民出版社1989年版。

［36］ 白寿彝:《中国通史纲要》，上海，上海人民出版社1980年版。

［37］ 王锺翰:《中国民族史》，北京，中国社会科学出版社1994年版。

［38］ 雷家骥:《两汉至唐初的历史观念与意识》，北京，书目文献出版社1987年版。

［39］ 郑师渠、史革新主编:《历史视野下的中华民族精神》，广州，广东人民出版社2014年版。

［40］ 许殿才、汪高鑫、王志刚:《历史文化认同与中国统一多民族国家》第一卷，石家庄，河北人民出版社2013年版。

[41] 汪高鑫:《二十四史的民族史撰述研究》,合肥,黄山书社2016年版。

[42] 王俊义、黄爱平主编:《炎黄文化与民族精神》,北京,中国人民大学出版社1993年版。

[43] 中国孔子基金会编:《儒学与二十一世纪》,北京,华夏出版社1996年版。

[44] 中国社会科学院学术交流委员会编:《中华民族文化精神的呼唤》,北京,经济管理出版社2000年版。